우리가 처음 사피엔스였을 때

예술과 기술의 기원을 찾아서

김상태 지음   사계절

들어가며

문자로 기록되지 않은 인간의 시간을 탐구하는 고고학의 연구 과정은 완성된 그림이 무엇인지 모르는 상태에서 '1만 피스' 퍼즐을 맞추는 일과 같다. 고고학자의 발굴은 누적된 지식과 경험이라는 토대 위에 주의 깊은 관찰력과 세심함, 장기간의 야외 발굴조사를 견뎌낼 수 있는 체력과 정신력이 더해져야 하는 고도의 연구 활동이다. 하지만 이것은 역사 이전의 시간으로 들어가는 첫 관문으로서, 선사 연구라는 기나긴 퍼즐 맞추기의 시작일 뿐이다.

고고학의 연구 대상은 대부분 가늠하기조차 어려운 긴 시간을 견뎌낸 잔해殘骸들이다. 간혹 한눈에 알아볼 수 있는 것도 있지만 대부분은 보이지 않는 것들 속에서 의미를 발견해야 한다. 이를 위해서는 여러 분야의 전문가가 모여서 대상을 해석해야 한다. 어떤 곳에서 석기가 발견되었다고 가정해보자. 우리는 그곳에서 발견된 석재를 분석하고 필요한 경우 그 석재의 원산지를 확인해야 하며, 당시의 환경을 이해하기 위해 석기가 포함된 지층의 퇴적 과정과 토양 성분도 분석해야 한다. 더불어 토양이나 숯을 이용하여 그 유적이 어느 시기의 흔적인지 확인하는 절대연대 측정도 해야 한다. 만약 유적에서 유기물이 추가로 발견된다면 협업 분야는 한층 더 확대된다. 선사는 이렇게 다양한 학문이 교류하는 매력적인 연구 대상이다. 특히 가장 오래된 시간, 최소 1만 년 이전을 탐구하는 구석기시대 연구는 고고학자들이 더욱 다양한 분야의 과학자들과 조각난 실마리를 하나씩 이어 붙이며 퍼즐을 완성해가는 과정이라 할 수 있다. 이 책에 실린 내용 역시 그들이 서로 머리를 맞대고 함께 밝힌 시간의 기록이다.

우리나라는 구석기시대 고고학 자료가 상당히 한정적이다. 인류가 기원한 아프리카로부터 멀리 떨어져 있어서 초기 고인류와 관련된 자료는 전무하다. 우리나라와 가까운 인도네시아와 중국 등지에서는 호모 에렉투스의 화석이 발견되었다. 하지만 한반도에서는 아직 화석 자료가 발견되지 않았고, 그들이 사용한 석기만 나왔다. 자료 부족은 단순히 아쉬움으로 끝나지 않는다. 그로 인한 여러 가지 문제가 뒤따라오기 때문이다. 선사 연구는 물론 인접한 학문의 발전이 현저히 부진해지고, 그 학문을 뒷받침하는 연구의 성장도 그만큼 느려진다. 나아가 새롭고 다양한 과학적 분석기술을 접목할 기회가 주어지지 않기 때문에 연구자와 지식

체계 전체가 빈약해진다. 한계를 메꾸기 위해 해외에서 생산된 지식을 배우고 인용할 수밖에 없다. 이조차 게을리 한다면 언젠가 이 땅에서 새로운 자료가 발견되더라도 그것의 가치를 알 수 없게 될 것이기 때문이다.

한국에서 구석기시대 연구가 시작된 지 이제 60년이 지났다. 부패와는 거리가 먼 돌 도구는 우리나라에서 가장 많이 발견된 구석기시대 연구 자료다. 가끔씩은 동굴 유적에서 사람이나 동물의 뼈 화석이 발견되기도 한다. 더 드물게 나무 화석도 발견된다. 이렇게 자료의 양상만 보더라도 한국의 구석기시대 연구자는 대부분 도구사 전공일 것이라고 추측할 수 있다. 실제로도 도구사 연구 성과는 상당히 축적되었다. 하지만 그 밖의 영역의 연구는 빈약한 자료로 인해 제한적이다. 언젠가 돌 도구가 아닌, 고인류의 삶을 복합적으로 보여주는 화석이나 벽화, 예술품들이 포함된 삶터가 이 땅에서도 발굴될 것이다. 그날을 위해 연구와 관심은 전모全貌를 지향하는 것이 바람직하다.

인간의 진화는 700만 년 동안 이어진 대사건이며, 여전히 진행 중이다. 그중 도구를 본격적으로 만들고 사용한 것은 후반부 절반의 일이다. 고고학자들이 단단한 땅을 파거나 깊은 동굴 속으로 들어가서 발굴한 도구와 뼈 화석을 과학 및 의학 분야와 함께 연구해서 고인류의 신체적·지적 특징과 능력을 비롯해 체질과 식이, 그리고 유전자 정보까지 생생하게 알게 됐다. 그것을 통해 사라졌지만 여전히 우리의 일부를 이루고 있는 고인류들을 이해할 수 있게 되었다. 나아가 인류가 만들어낸 상징체계와 예술의 기원, 기술의 발전 과정 같은 정신의 영역까지 들여다보았다.

진화 과정에서의 종 분류나 도구와 기술의 발전 단계 구분은 지금까지 일궈낸 연구 성과를 토대로 나눈 것일 뿐이다. 그 실상은 시간의 축 위에서 인류가 살아온 '연속적 흐름'이다. 지금 우리에게 특별하게 큰 사건으로 여겨지는 빙하기와 간빙기, 혹은 급격한 기후와 환경의 변화도 당시 고인류 개개인에게는 계절의 변화처럼 당연한 일상이었다. 최후의 네안데르탈인이 숨을 거두면서 '아, 나를 마지막으로 우리 종이 멸종되는구나'라고 탄식했을까? 그러지 않았을 것이다. 그들은 주어진 환경에 맞춰 최선을 다해 일상을 살았다. 다만 과거보다 더 슬기로워진 현대의 호모 사피엔스들이 아주 오래된 과거를 속속 밝히고 평가했으며 거기에 의미를 부여하고 있을 뿐이다. 우리의 연구가 그들의 시간에 더 가까이 접근하기 위해서는 분야별로 나누어진 시각들을 하나의 이야기로 통합하고 재구성해서 보아야 한다. 그 끝에서 우리는 우리가 유별나고 도드라진 '점'이 아닌, 과거로부터 이어진 긴 '선'의 일부였다는 사실을 깨닫게 될 것이다.

이 책 역시 과거와 현재를 연결하는 과정의 일부로서, 고

고학과 인접 학문의 연구 성과들을 몇 가지 주제로 재구성
했다. 특히 해부학적으로 우리의 직접적인 조상, 즉 호모 사
피엔스가 처음 등장했을 무렵의 이야기에 초점을 맞추었다.
전작 『단단한 고고학』에서는 주로 도구의 발달과 관련된
다양한 관점들을 이야기했다. 인간이 성장하는 데 결정적
역할을 했던, 그렇지만 생물학적 진화에 비해 상대적으로
주목받지 못한 초기 물질문화의 공헌을 보여주고 싶었기
때문이다. 인류가 생태계에서 상위 포식자를 모두 제압하였
을 뿐만 아니라, 주변 환경과 스스로의 DNA까지도 재창조
할 수 있게 된 힘은 모두 도구 덕분 아니었던가. 물론 그것
은 지적 성장을 배경으로 하고 있지만, 결과적으로 호모 사
피엔스는 도구를 통해 자신의 생물학적 신체 진화에 일정
부분 간섭하는 능력까지 갖추게 되었다.

　물질문명 발달의 가속화는 인간이 돌 조각을 집어 든 직
후부터 시작되어서 지금까지 이어진 일관된 경향이다. 이
가속화는 초기 호모 사피엔스의 등장과 함께 마치 거대한
증폭기booster를 장착한 듯 한층 더 빨라졌다. 그렇다면 우리
신체의 진화도 가속화되고 있을까? 여전히 진화의 흐름 안
에 있는 우리로서는 이 복잡다단한 질문에 답하기 쉽지 않
다. 이 현상을 이해하기 위해서는 한 걸음 물러서서 좀 더
넓은 시야로 조망해 볼 필요가 있다. 그래서 이번에는 돌 도
구에만 국한하지 않고, 초기 인류의 삶 전반을 이해할 수 있

도록 여러 지역의 다양한 주제를 포괄하고자 노력했다.

　다시 말해 이 책의 뼈대는 고고학 지식으로 세웠지만, 장기와 살은 고인류학부터 자연과학, 의생리학에 이르는 실로 다양한 인접 학문의 성과로 채웠다. 오늘의 우리가 존재하기까지 인류가 때로는 창의적으로, 때로는 악착같이 살아남아온 시간 속으로 돌아가보자.

차례

들어가며 ———————————————————————— 4

따뜻한 불, 그다음은 밝은 불
등잔의 기원 ①

태초의 혁명은 밤에 시작됐다 ———————————— 18
진화의 터널을 밝힌 등잔 ——————————————— 20
시간의 터널을 건너온 기술 —————————————— 22

밤의 무대의 막이 오르다
등잔의 기원 ②

그대들은 어떻게 세상을 밝힐 것인가 ——————— 25
작은 등불 하나 가지고 무얼 하나 ———————————— 27
어둠이 깊을수록 불은 더 밝게 빛난다 ——————— 28
음악과 상징, 공동체의 대화법 ———————————— 32

인간의 끝없는 욕망

안료의 발견 ①

봄의 딜레마 ———————————————— 36

가질 수 없는 것을 가지려 하는 마음 ———————— 38

10만 년의 두께를 간직한 색깔 ———————————— 40

아름다움을 탐하는 마음

안료의 발견 ②

총천연색의 유혹 ————————————————— 43

천연에서 인공으로, 안료에서 물감으로 ——————— 46

원시와 현대의 교집합 ——————————————— 48

아시아 예술혼의 기원을 찾아서

새로운 발견은 언제나 반대를 부르지 ———————— 50

그림이 우리에게 말하는 것 ————————————— 54

보이지 않는 상징의 힘

쓸모없음 속에 깃든 특별함 ————————————— 58

말하지 않은 의도를 알아차리는 일 ————————— 61

보이지 않는 것을 사용하여 생존하는 법 —————— 63

세상에 음악이 흐르기 시작했다

마음을 다스리는 소리의 힘 —————————— 65

최초의 악사는 누구였을까 —————————— 67

시간의 강을 거슬러 올라가는 방법 —————————— 69

우리가 그 뼈다귀를 집어 든 순간,
그것은 우리의 도구가 되었다
뼈로 만든 도구 ①

돌과 뼈에 남아 있는 인류의 삶과 생각들 —————————— 74

재료에 따른 기능의 분배 —————————— 77

영원한 건 절대 없어
뼈로 만든 도구 ②

자연환경에 적응하는 도구의 성능 —————————— 81

더 작고, 더 강하고, 더 날카롭게 —————————— 83

첨단기술의 발전과 재래기술의 퇴화 —————————— 86

오래된 연장이 새 세상에 적응하는 방법
뼈로 만든 도구 ③

바늘구멍의 탄생 —————————— 89

혹한의 생존 도구, 바늘 —————————— 91

차이와 차별의 기원에도 바늘이 있었다 —————————— 94

살아남은 인간의 말을 전부 믿을 수 없는 이유
네안데르탈인과 사피엔스의 도구 ①

그들의 존재가 궁금한 이유 —————————— 97
나의 혈관을 흐르는 너의 DNA —————————— 99
필요를 넘어 부가가치로 진화하다 ———————— 101

의지와 능력의 차이가 아닌 기억의 차이
네안데르탈인과 사피엔스의 도구 ②

상상의 차이가 생존을 결정한다 ———————— 105
죽음을 기념한 건 언제부터였을까? ————————— 107
죽은 사람의 기억으로 눈앞에 닥친 문제를 해결하기 —— 110

육상인류에서 바다인류로

결성! 해산물 원정대 ——————————————— 114
물고기를 낚는 여러 가지 방법 ————————— 116
신석기시대의 문을 열다 ——————————— 120

더 넓은 세상으로 나가자
바다를 건넌 사람들 ①

바람아 불어라! ——————————————— 124
마침내 대양 앞에 서다 ——————————— 126
경계를 넘는 도구 ————————————— 128

14

100만 년 동안의 항해
바다를 건넌 사람들 ②

당신의 용기를 시험하는 바다 —————————— 132
원시 해상 네트워크의 흔적 —————————— 133
고고학적 복원 실험 —————————————— 137

두뇌 발달의 비밀이 담긴 구석기 식단
구석기인들의 식생활 ①

구석기 식단, 700만 년 동안의 먹거리 —————— 142
사냥꾼 대 요리사 —————————————— 145

인간, 자연계의 왕이 되다
구석기인들의 식생활 ②

사람을 돌보면서 사람을 잡아먹었다는 어떤 사람 —— 151
자연의 경고에 대처하는 자세 ————————— 154
신석기혁명의 의의는 무엇일까? ———————— 157

생명 연장의 대가
구석기인들의 식생활 ③

두 번째 식이 전환기의 현대인류 ———————— 161
진화의 마지막 순간에 등장한 존재, 노인 ————— 164
그 누구도 인간의 미래를 알 수 없다 —————— 167

간석기에 얽힌 오래된 오해
구석기시대의 신석기

통설을 뒤집는 고고학 증거 ——————— 172
간돌도끼, 구석기인들의 신석기 ——————— 174
정의가 곧 진리는 아니다 ——————— 177

마치며 ——————— 179
참고문헌 ——————— 184
시각자료 출처 ——————— 201
인명·지명 찾아보기 ——————— 204

"지구 곳곳에 남아 있는 벽화들은
우리에게 무엇을 말하려 하는 걸까?"

따뜻한 불, 그다음은 밝은 불

등잔의 기원 ①

태초의 혁명은 밤에 시작됐다

인간의 진화는 단연코 혁명적이었다. 지구 생태계의 모든 역사를 통틀어 진화라는 측면에서 인간보다 인상적인 존재는 없었다. 인간은 보잘것없던 피식자에서 최상위 포식자로 극적으로 변신했다. 인간의 진화에는 생태계의 다른 생물체와는 극명하게 다른 하나가 있었으니, 우리는 '몸'만 진화한 게 아니라는 점이다.

인간은 원래 주행성晝行性 동물이었다. 낮에 활동한다는 뜻이다. 그러면서 우리 눈은 다른 동물보다 훨씬 더 정교하게 진화했다. 태양이 밝게 빛나는 낮 동안에는 다채로운 색깔을 인지하고 3차원의 입체공간으로 세상을 볼 수 있다. 그 덕분에 우리는 어떤 공간을 단순히 응시하는 것만으로도 그 공간 안에 어떤 사물들이 얼마만큼 떨어져 있는지 매우 정확하게 파악할 수 있게 됐다. 하지만 초기 인류는 대지에 서서히 어둠이 깔리면, 맹수를 비롯한 어둠 속 존재들을 피해 나무 위로 올라가거나 동굴 안으로 숨어야 했다. 우리 눈은 어둠 속을 보지 못하기 때문이다. 여기까지가 진화한 '몸'의 한계다.

그런데 지금은 어떤가. 우리는 낮이든 밤이든, 혹은 밝은 곳에서든 어두운 곳에서든 무엇이든 볼 수 있고 어디로든 갈 수 있다. 눈이 밤에도 세상을 인식할 수 있도록 진화한 것도 아닌데 인간은 낮과 밤을 가리지 않고 활동하는 전천후 주야행성 동물이 되었다. 몸 이외의 진화, 더 정확히 말하자면 도구의 진화 과정에서 어둠 속을 훤히 볼 수 있는 또하나의 눈을 획득했기 때문이다.

불fire의 자유로운 사용은 인간이 진화하는 과정에서 항상 언급되는 중요한 사건이었다. 하지만 이 주제에 관한 연구의 대부분은 불의 열기를 이용한 요리나 난방, 혹은 생존이나 안전을 보장하는 방어 기능에 집중했다. 우리가 흔히 간과하는 불의 또 다른 위대한 속성이 있으니, 바로 빛light이다. 불을 막 길들였던 시대의 인간들은 그 따스함에 먼저 매료되었을 것이다. 그러던 어느 날, 어두운 밤 바위그늘* 아래에서 모닥불을 지키던 인간들은 전과 달리 맞은편에 앉아 있는 동료의 얼굴이 확실히 보인다는 사실을 깨달았다. 모닥불을 향해 둘러앉은 그들의 등 뒤로 어둠이 밀려나고 그 사이에서 그림자가 일렁이는 것을 마침내 알게 됐다. 그렇다, 불은 어둠을 걷어낼 수 있다. 어둠이 걷히면 그 안

* 구석기시대 인류의 주요 거주공간이다. 자연 절벽 아래에 그늘이 드는 공간, 석회암지대에 지하수가 침투하면서 균열이 생긴 공간, 하천이나 바다에 의해 침식된 공간 등을 주거 또는 그 밖의 생활 무대로 삼았다.

에 도사리고 있던 막연한 두려움도 사라진다. 불이 갖고 있는 빛의 속성을 처음 자각한 인간들의 눈에는 그 밝은 빛이 신기함을 넘어 경이롭고 신성한 어떤 것으로 비쳤을 것이다. 우리는 이렇게 해서 몸의 진화만으로는 도저히 얻을 수 없었던 '제3의 눈'을 갖게 됐다.

진화의 터널을 밝힌 등잔

빛과 열은 둘 다 형태를 띠지 않는 무형無形의 성질이지만, 그중 열은 차갑게 식은 후에 흔적을 남겨서 수만 년이 지난 뒤 고고학적 조사를 통해 종종 후대의 인간에게 발견되기도 한다. 불을 가두어 두었던 화덕이나 오랫동안 한 장소에서 불을 피운 결과 두텁게 쌓인 재, 뜨거운 열기로 인해 갈라지거나 붉게 변한 흙덩어리나 돌조각이 바로 수만 년을 건너와 우리 앞에 모습을 드러낸 '불'의 흔적이다. 이에 반해 과거의 빛은 고고학적 자료로는 흔적을 찾기 어렵다. 특히 한국의 고고학 유적처럼 대부분의 원시 생활공간이 야외에 위치한 경우엔 더 그렇다. 야외 유적이나 소규모 바위그늘 유적에서는 모닥불 자체가 열원으로 기능하는 동시에 조명의 역할도 겸했을 것이다. 처음에는 인간이 불의 속성을 열과 빛으로 구분하지 않고 이용하였을 것이라는 뜻이다. 불의 두 가지 속성 가운데 열을 처음 사용한 인류는 호

모 에렉투스였다고 추정한다. 그런데 과연 그들이 불을 빛
으로도 인식하고 이용하였는지는 확실하지 않다. 현재까지
의 고고학 증거로는 빛으로 활용하기 시작한 사람은 호모
사피엔스였을 가능성이 높다.

고고학자들은 유럽의 구석기시대 동굴 유적을 조사하는
과정에서 과거의 인간이 불 속에서 빛의 기능을 분리해낸
증거를 발견했다. 태양빛이 닿지 않는 수십 미터 깊이의 동
굴에서 벽화를 조사하던 고고학자들의 머릿속에서 여러 의
문이 떠올랐을 것이다. 예컨대 구석기시대의 인간은 캄캄한
땅속 깊은 곳까지 어떻게 들어갔을까? 칠흑처럼 어두운 이
곳에서 어떻게 벽화를 그렸을까? 횃불을 사용한 걸까, 아니
면 나뭇가지를 모아서 모닥불을 피웠을까?

동굴을 조사하는 과정에서 자연스럽게 그 답을 찾을 수
있었다. 동굴 안에서 과거의 인간들이 빛을 나를 때 사용한
작은 등잔이 나온 것이다. 인류 최초의 등잔은 프랑스 고고
학자 에밀 리비에르에 의해 세상에 알려졌다.

리비에르는 1899년 프랑스 도르도뉴 지방의 라무트동굴
에서 등잔을 수습했다. 동굴 입구로부터 그리 멀지 않은 지
점에서 붉은색 사암을 정성껏 갈아서 만든 등잔이 나왔는
데, 길이는 약 17센티미터 정도이며, 거의 완전한 반구 형태
에 한쪽에 삼각형 손잡이가 달려 있었다. 반구의 안쪽 부분
은 연료를 담을 수 있게 오목하게 파고, 외부 바닥면에는 뿔

프랑스 라무트동굴
등잔. 바닥면에 야생
염소 그림이 보인다.
길이 17.1센티미터.

이 긴 야생 염소ibex 한 마리를 그려놓았다. 리비에르는 등잔의 염소 그림과 동굴 벽에 있던 염소 그림의 표현이 거의 일치하는 것을 보고 동일한 '예술가'가 그린 그림이라고 추정했다. 이후 유럽의 여러 지역에서 수많은 등잔이 보고되기 시작하더니, 지금까지 수백 개의 등잔 유물이 알려졌다.

시간의 터널을 건너온 기술

가장 유명한 등잔은 프랑스 라스코동굴에서 발견한 등잔으로, 이것 역시 붉은색 사암을 갈아서 만들었다. 연료를 담는 반구체 부분은 라무트동굴 등잔과 비슷하지만 손잡이를 막대형으로 길쭉하게 만들었다. 정교하게 갈아서 만든 손잡이의 윗면에 음각으로 동물의 뿔 혹은 창이나 화살을 상징하는 뾰족한 선들을 새겼다. 등잔의 길이는 22.4센티미터이며, 길이 방향 중심축을 기준으로 거의 완벽하게 좌우대칭을 이룬다. 우리가 특별히 눈여겨봐야 할 부분은 세공의 섬세함인데, 구석기시대에 만든 것이라고 도저히 믿기 어려울 만큼 마연기술이 정교하다. 만약 이 등잔이 구석기시대 유적이 아닌 다른 곳에서 발견됐다면 아무도 구석기시대의

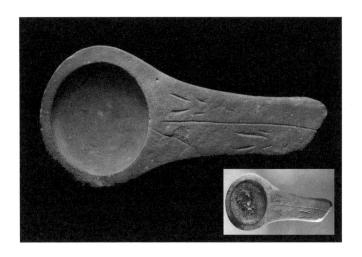

프랑스 라스코동굴
등잔. 처음 발견했을
때는 등잔 안에
화석화된 유기물이
남아 있었다.
길이 22.4센티미터.

도구라고 믿지 않았을 것이다. 스페인의 알타미라동굴 벽화
가 구석기시대의 것이라고 인정하기까지 상당히 오랜 시간
이 필요했던 것처럼 말이다.* 이제 우리는 라스코와 라무트
에서 발견된 등잔을 통해 인류는 적어도 2만 년 전 무렵에
불의 빛 속성을 생활에 활용하고 있었고, 마연기술 또한 숙
달했다는 사실을 알게 됐다.

　라스코동굴 등잔은 짐승을 사냥하다 쓰러진 사람을 그린
벽화 근처에 있었다. 지면으로부터 약 30센티미터 아래에
서 발굴되었는데, 오목한 등잔 내부에는 타다 만 재와 연료
일부가 화석 상태로 남아 있었다. 이 유기물을 분석하면 구
석기시대에 등불을 피울 때 사용한 연료와 그 사용법을 추
측할 수 있다. 분석 결과 동물의 종까지 특정할 수는 없지만
소과나 멧돼지과 동물의 지방산과 유사한 성분이 검출됐다.
동물성 지방을 흡수해서 불을 밝히던 심지는 침엽수, 그중
에서도 향나무과 식물의 잎이나 마른 이끼류였다. 19세기

*
이 이야기는 김상태,
「남보다 일찍
발견해서 억울해진
사람들」, 『단단한
고고학』, 214~219쪽을
참조하라.

Ethnography. 사회와
문화의 다양한 현상을
현장조사를 통하여
기술하는 인류학 연구
방법이다. '민속지',
'문화기술지'라고도
번역한다.

의 한 민족지* 연구를 통해 극지방의 이누이트가 이끼류로 천연 심지를 만든다는 사실이 보고되었는데, 그와 유사한 기술이었을 것으로 짐작된다. 라스코동굴 등잔과 이누이트의 등잔을 한자리에 놓고 보면 무려 2만 년 동안 어둠을 밝힌 등잔과 심지의 장구한 역사가 선명해진다. 근대 이후 전깃불이 들어오기 전까지 책상머리를 밝혔던 한반도의 호롱불도 재료만 바뀌었을 뿐 연료에 심지를 연결하여 불빛을 만들었다는 측면에서 최초의 등잔과 동일한 도구다.

지금부터 '원시'가 아닌 '문명과 기술'의 시대라는 관점에서 구석기시대로 들어가보자.

밤의 무대의 막이 오르다

등잔의 기원 ②

그대들은 어떻게 세상을 밝힐 것인가

고고학자들이 구석기시대 등잔의 존재를 확신하게 된 이후, 유럽 각지에서 등잔이 쏟아져 나왔다. 단지 숫자만 많은 게 아니라 그 형태도 다양한 등잔들이 속속 모습을 드러냈다. 그런데 앞서 라스코동굴과 라무트동굴에서 나온 것처럼 전체를 정교하게 갈아서 만든 등잔은 소량에 불과했다. 상당수는 사암류를 조금만 가공해서 오목한 부분을 만들거나, 자연적으로 한 부분이 오목하게 파인 돌판을 골라서 사용했다. 심지어 어떤 등잔은 손바닥만 한 자연석의 평평한 면 위에 연료를 붓고 불을 붙이는 구조였다. 민족지 연구를 통해 이누이트족은 사냥을 나간 곳이나 식재료를 즉석에서 가공하던 임시 작업장에서 불을 밝혀야 할 때 작고 평평한 돌에 동물성 지방과 이끼류를 얹어서 등잔으로 사용했음이 확인되었는데, 구석기시대에도 이와 유사한 방식으로 등잔을 사용했을 것이다. 등잔의 형태와 사용법이 이처럼 다양하게 분화되었다는 것은 당시에 이미 등잔 사용이 상당히 보편화되었음을 의미한다.

여기서 문득 새로운 질문이 떠오른다. 구석기시대의 등잔은 주로 어디에서 발견됐을까? 결론부터 말하면 동굴 안쪽보다는 입구와 바깥에서 훨씬 더 많이 나왔다. 동굴 내부에서 발견된 경우는 통계적으로 전체의 20퍼센트 미만이다. 그도 그럴 것이 등잔은 동굴에 들어갈 때도 사용하지만 동굴에서 나올 때도 반드시 지니고 있어야 한다. 등잔이 가장 많이 발견되는 장소는 동굴 입구 근처이고, 대개 모닥불을 피운 흔적과 함께 발견됐다. 구석기인들은 입구에 모닥불을 피운 채로 등잔을 만들거나 손질한 뒤 안으로 들어가기 전에 모닥불에서 불을 옮겨 붙였다고 추측할 수 있다.

정교하게 가공한 등잔일수록 동굴 깊숙한 곳에서 발견되는 경우가 많다는 점이 눈길을 끌었다. 혹시 투박한 등잔은 이동하거나 그림을 그릴 때 주로 사용하고, 정교한 등잔은 동굴 내부에서 어떤 의식을 행할 때 사용했던 게 아닐까? 최상품 등잔에는 벽화에 등장하는 동물이나 상징적 기호가 그려져 있다는 점까지 고려하면 일반적인 용도와는 다른 특별한 상황에서 이 등잔들을 사용했을 가능성이 더욱 농후해진다.

작은 등불 하나 가지고 무얼 하나

구석기시대의 등잔은 얼마나 밝았을까? 원시 등잔의 성능이 궁금했던 실험고고학* 연구자들이 말이나 소과 동물의 지방을 연료로 하는 등불을 만들어보았다. 그 결과는 우리가 사용하는 양초보다 어두웠다. 빛의 강도는 '룩스Lux' 단위로 표시하고 1룩스는 1미터 거리에서 촛불 하나가 내는 빛의 밝기이니, 원시 등잔은 밝기가 1룩스도 안 되는 셈이다. 그렇지만 동굴에서 암흑을 몰아내고 무언가 활동을 하기에는 부족함이 없는 밝기였을 것이다.

우리가 책과 인터넷에서 본 구석기시대 벽화 자료사진은 동굴 안을 현대의 전깃불로 환하게 밝힌 후 촬영한 것이다. 그래서 벽면 전체에 그려놓은 그림들이 한눈에 들어온다. 그렇지만 구석기시대에는 아무리 등불을 여러 개 켠들 전면을 한눈에 보기 어려웠을 것이다. 이 말은 구석기시대 사람들은 벽화를 보고 지금 우리와는 전혀 다른 느낌을 받았을 것이라는 뜻이다. 이 차이가 벽화를 이해할 때 굉장히 중요한 관점을 제공한다. 같은 대상이라도 보이는 부분이 달라지면 인식 또한 달라진다는 점이다.

상상컨대 구석기인들은 자그마한 등잔들이 군데군데 밝혀주는 부분만 보았을 것이다. 불빛 사이사이 어둠으로 가려진 공간은 상상력으로 채웠을 것이다. 그로 인해 벽화들은 더욱 생동감을 갖게 되지 않았을까. 불꽃의 일렁임은 벽

*
Experimental
Archaeology. 고고학의
한 분야로, 도구의 용도,
획득, 제작, 사용, 폐기
등을 연구하여 과거의
사회를 복원한다.

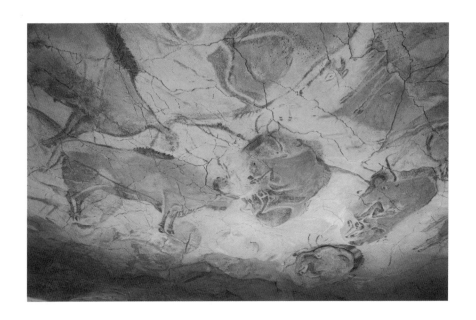

스페인 알타미라동굴의
황소 그림 벽화.
파블로 피카소의
〈황소〉 연작에 영감을
준 일화가 유명하다.

면의 입체감을 이용해 그려놓은 그림들을 더욱 강조하여, 마치 살아 움직이는 듯한 착각과 신비감을 불러일으키기에 충분했을 것이다. 실제로 벽화 중에는 동물의 일부분만 그리거나 튀어나오거나 오목하게 들어간 벽면의 입체감을 그대로 이용해 동물을 표현한 경우가 많다. 그 이유를 탐구하는 시발점에 채 1룩스도 되지 않는 원시 등잔의 작은 불꽃이 있다.

어둠이 깊을수록 불은 더 밝게 빛난다

빛이 단 한 줄기도 들어오지 않는 완전한 암흑의 공간을 상상해보라. 무엇이 보이는가? 무엇을 상상하든 그곳은 당신의 생각보다 훨씬 더 캄캄할 것이다. 나는 동굴 내부가 얼마나 어두운 곳인지 누구보다 잘 안다. 실제로 그곳에 갇힌 경험이 있기 때문이다. 2009년 가을에 유네스코 세계자연유산이지만 보존을 위해 일반인의 출입을 제한한 제주도 구좌읍 월정리 소재 용천동굴*을 조사하고 있었다. 용천동굴은 원래 용암동굴이지만 오랫동안 빗물에 녹은 석회 성분이 지하로 침투해 석회동굴의 특징도 갖게 된 과학 탐구의 요지다. 게다가 이 동굴은 너무나 아름답고 환상적인 경관을 갖고 있어서 일찍부터 인간의 호기심을 사로잡았던 것 같다. 우리가 조사에 착수한 까닭도 그 내부에서 통일신라 시대의 토기 조각이 여러 점 발견되었기 때문이다.

용천동굴은 지상에서 전신주를 묻는 공사를 하던 중 우연히 발견되었다. 이후의 모든 조사는 우연히 만들어진 수직갱을 통해 동굴에 진입하는 방식으로 진행됐다. 사다리를 타고 좁은 통로를 내려가면 입구 바로 아래까지는 마치 스포트라이트처럼 햇빛이 들어온다. 그렇지만 열 걸음도 떼기 전에 앞을 분간하기 어려워진다. 거기서 조금만 더 들어가면 그 어떤 것도 보이지 않는 말 그대로 암흑, 절대 어둠이 모든 것을 삼켜버린다. 눈을 아무리 크게 뜬다고 한들 소용이 없다. 잠시 눈을 감고 있어도 소용없다. 설령 우리 눈이 어둠에 적응하더라도 그 안에서는 아무 것도 볼 수 없다. 그래서 동굴에 들어갈 때는 동굴 탐사용 전등과 여분의 배터리를 반드시 챙겨야 한다.

*거문오름용암동굴계의 일부로, 총 길이 3.4킬로미터에 이르는 대형 동굴이다. 용암동굴과 석회동굴의 특징을 동시에 갖고 있으며, 바다와 접한 부분의 대형 호수는 용암동굴로는 유일한 사례이다. 2007년 유네스코 세계자연유산으로 지정되었다. 이곳에서 8세기 무렵 통일신라시대의 토기 60여 점이 발견되었다.

제주도 용천동굴.

조사를 시작한 지 한 달이 지나고, 드디어 조사의 마지막 날이 되었다. 오후 5시경 동굴 하류 지역에서 마무리 조사를 하던 나는 상류 지역 자료 중 다시 확인할 것이 남아 있다는 사실을 알게 되었다. 세계유산을 조사할 때는 학술 목적이라고 하더라도 세계유산센터에 미리 통지하고 허가된 기간 안에 반드시 조사를 마쳐야 한다. 시간이 촉박했다. 우리 팀은 하류 조사도 마무리해야 했기에 얼른 다녀오겠다고 말하고 나 혼자 길을 나섰다. 목표 지점에 거의 도착했을 무렵, 갑자기 손전등이 꺼졌다. 동굴 탐사용 고성능 손전등은 배터리 잔량이 줄어들면 서서히 어두워지는 것이 아니라 최후까지 성능을 유지하다 갑자기 확 꺼져버린다. 불이 꺼지는 순간 내 머릿속에서 불똥이 튀었다! 그제서야 급하게 오느라 여분의 배터리를 가져오지 않았다는 사실이 생각났다. 휴대전화라도 있었다면 좋았겠지만, 동굴 안에서는 신호가 끊기니 애초에 가지고 가지 않았다.

한순간에 몰려온 암흑의 충격은 이루 말할 수 없을 정도였다. 보이지 않는 걸 넘어 산소까지 사라진 것 같았다. 숨조차 쉬기 힘들고 몇 배나 되는 중력이 온몸을 짓누르는 것 같은 공포가 모든 감각을 마비시켰다. 용암동굴의 벽면은 스치기만 해도 옷이 찢어지고 피부가 뜯겨나갈 만큼 거칠고 날카롭다. 손으로 앞을 더듬을 수 없으니 나는 한 발자국도 움직일 수 없었다. 불이 꺼진 곳에 그대로 서 있을 수밖에 없었다. 목이 터져라 소리를 지른들 반대쪽 동료들에게 닿을 리도 없었다. 빛도 소리도 모두 사라진 어둠 속에서 누군가가 나를 발견하기 전까지는 아무것도 할 수 없었다. 문득 하류 쪽에서 발견된 멧돼지의 하얀 뼈가 떠올랐다. 아주 오래전 우연히 동굴에 들어온 뒤 길을 잃고 헤매다 거기서 죽었으리라. 머릿속에 떠오른 멧돼지 뼈의 잔상을 지우고 동굴에서 탈출할 방법들을 이리저리 강구해보았지만 별다른 수가 떠오르지 않았다.

시간이 얼마나 흘렀을까. 사람이 있을 리 없는 상류 쪽에서 인기척이 들렸다. 더욱 긴장한 상태로 소리가 난 쪽을 바라보니 희미한 빛이 어른거리기 시작했다. 마침 상류에서 3D 촬영을 마치고 철수하던 연구자가 있었던 것이다. 나는 구세주를 만난 듯 감격에 겨워 그의 손을 꽉 붙잡았다. 어둠 속에서 불쑥 나타난 나를 본 그는 소스라치게 놀랐지만 말이다.

주로 지상에서 생활하는 우리의 일상에는 아무리 오지라고 하더라도 빛이 존재한다. 달빛이든 별빛이든, 캄캄한 밤에도 천공의 빛이 지표를 비추고 있다. 만약 절대 어둠이 궁금하다면 완전히 밀폐된 낯선 공간으로 가야 한다. 그곳에 가면 구석기인들이 깊은 동굴에서 보았던 어둠을 조금 알수 있을 것이다. 어둠이 깊을수록 빛은 더 밝아진다는 말은 동굴 안에서는 비유가 아니라 물리 현상이며 과학이다. 1룩스도 안 되는 등잔불도 그 안에서는 공간을 식별하고 몸을 움직이기에 큰 어려움이 없을 만큼의 빛을 제공한다.

음악과 상징, 공동체의 대화법

때때로 동굴 유적에서 뼈로 만든 피리가 함께 발견되기도 한다. 상상력을 한 번 더 발휘해보자. 절대 어둠으로 꽉 찬 동굴 안에 하나둘 작은 등불이 켜지더니 등장, 가느다란 뼈 피리 소리, 원시 타악기의 둔탁한 울림, 벽에서 살아 움직이는 듯한 야생 들소 떼, 붉은 손바닥 자국, 그 사이를 채우는 원시 언어와 몸짓이 모습을 드러낸다. 시간이 흐를수록 빛과 소리와 몸짓이 하나로 섞이면서 신이함이 점점 고조된다. 거기 모인 구석기인들이 어떤 영감에 휩싸인 채로 대자연의 일부로서 자신의 존재를 자각하고 자신이 속한 공동체의 신화를 동굴 벽에 그리지 않았을까.

인간은 시간이 흐를수록 점점 더 큰 공동체를 구성했고, 그 안에서 효과적으로 소통하는 능력을 발전시키며 보다 더 빠른 속도로 발전했다. 그 바탕에 가치와 생각을 공유하는 신성한 의식ritual이 있었다. 선행 연구들은 고대로 올라가면 올라갈수록 공동체 구성원 모두가 참여하는 의식이 중요했다는 사실을 확인했다. 2만 년 전에 호모 사피엔스가 만들고 사용하기 시작한 작은 등잔은 바로 의식의 시원始原이자 인간 공동체가 본격적으로 성장하기 시작했음을 보여주는 상징적 도구라 할 수 있다.

"어둠 속에서 등을 맞대고
앉아 있던 동료를 자각한 순간,
우리는 인간으로 다시 태어났다."

인간의 끝없는 욕망

안료의 발견 ①

봄의 딜레마

봄이 오면 파란 하늘에 하얀 뭉게구름이 흩어지고, 들판에
선 새싹이 앞다투어 고개를 내민다. 울긋불긋한 봄꽃과 연
초록빛 나뭇잎도 일제히 피어오른다. 나는 이 세상의 모든
색 중에서 이른 봄 나뭇잎의 연초록색을 가장 사랑한다. 계
절이 여름으로 접어들고 잎이 짙어지기 시작하면 괜스레
서운해진다. 그런데 구석기시대 말부터 인간과 함께 생활한
개들은 봄의 아름다운 풍경을 인간과는 다른 색으로 본다
고 한다. 파랑과 노랑은 인식할 수 있지만 빨강과 초록은 회
색으로 보인다고 하니, 반려견과 봄의 빛깔을 오롯이 나눌
수 없음이 못내 아쉽다.

인간은 고도로 진화한 눈 덕분에 대자연의 형형색색 빛
깔을 고스란히 즐길 수 있게 됐다. 인간이 외부로부터 얻는
정보의 70퍼센트 이상은 시각정보다. 그러니 우리는 그저
눈을 뜨고 있는 것만으로도 세상에 관하여 꽤 많이 알게 된

파푸아뉴기니
후리위그멘 부족의
보디 페인팅.

다. 그렇지만 거기서 그치지 않는다. 인간 DNA 깊은 곳에
는 새로운 것에 대한 끝없는 호기심이 들어 있는 것 같다.
그래서일까, 인간은 세상 모든 일에 직접 참견했고, 생존에
필요한 양 이상의 물질과 가치를 소유하려 했다. 아름다워
서 황홀하기까지 한 자연의 색깔들도 당연히 소유물로 삼
았다. 인간이 왜, 언제부터 안료를 사용했는지, 그리고 그것
을 어떻게 가공하고 어디에 활용했는지를 살펴보자.

먼저 안료를 사용하기 시작한 이유부터 질문해보자. 색
이라는 것이 대체 왜 필요했을까? 이 질문에 답하기 위해서
는 지금 우리가 색을 어디에 어떻게 사용하고 있는지를 돌
아보아야 한다. 현대인에게 색은 일종의 언어이자, 정체성
을 표현하는 도구다. 세계 어디를 가든 횡단보도 신호등의
녹색과 빨간색은 똑같은 의미를 전달한다. 선거철에는 여러

정당이 각자를 상징하는 색을 내걸고 경쟁하는 모습을 흔하게 볼 수 있다. 때로는 특정 색이 금기를 나타내거나, 사람들이 거기에 영적인 힘이 담겨 있다고 믿기도 한다. 부적에 쓰는 경면주사*의 붉디붉은 색이 특히 그렇다. 인간이 맨 처음 안료를 사용한 이유 또한 주술과 가장 밀접한 연관이 있지 않을까.

* 鏡面朱砂. 황화수은을 주성분으로 하여 주홍색 또는 적갈색을 띠는 천연광물 결정체다. 이것을 갈아서 물에 녹인 뒤 붉은색 염료로 사용했다.

가질 수 없는 것을 가지려 하는 마음

안료의 기원을 파악하려면 초기 사용처를 추적해야 한다. 하지만 안타깝게도 이와 관련된 고고학 자료가 거의 남아 있지 않다. 이것을 거꾸로 말하면 초기 안료 사용처가 '이내 사라지는 것들'이었다는 뜻이 된다. 연구자들은 '이내 사라지는 것들'로 신체 장식, 예컨대 타투tattoo나 보디 페인팅body painting 등을 지목한다. 이런 행위는 원래 야생에서 외양을 강렬하게 꾸며 생존 가능성을 늘리는 것이었다. 생물계의 다른 종들은 장구한 진화를 통해 보호색을 갖게 되었지만, 인간은 안료를 사용하여 단기간에 그와 비슷한 능력을 획득했다. 원시 부족의 풍습에 남아 있는 보디 페인팅은 이후 단지 몸을 치장하는 방식을 넘어서 장신구나 무기류를 꾸미는 데까지 범위가 확장되었다.

하지만 오래전 인간의 신체에 칠한 안료는 그의 죽음과

함께 사라져버렸다. 다행히 장신구에 사
용한 안료가 남아서, 그것을 바탕으로 인
간이 처음으로 색을 사용한 순간을 유추
할 수 있다. 초기 안료 관련 유적 중 하나
인 이스라엘의 카프제동굴 발굴조사에서
35킬로미터 이상 떨어진 지중해로부터 채
집해 온 조가비가 발견됐다. 조가비 중 일

부에는 구멍을 뚫고 줄로 묶었던 흔적이 남아 있었다. 또 서
로 부딪혀 마모된 흔적도 확인되면서, 이것을 장신구로 사
용했을 것이라는 추측이 점점 더 설득력을 얻고 있다. 그리
고 정밀 분석 결과 조가비의 표면에서 붉은색과 검은색의
안료를 확인했다. 카프제동굴의 절대연대* 측정값은 10만
년 전이다. 그러니까 지금으로부터 10만 년 전, 혹은 그보다
더 일찍 인간은 자연의 색을 탐하고 소유하기 시작했음을
보여주는 자료다.

　호모 사피엔스는 안료의 사용 범위를 더 확장했다. 함께
삶을 꾸려가던 동료의 죽음을 애도하는 장례 의식이 점차
정교해지면서 시신에 직접 안료를 바르거나, 혹은 매장 시
설에 색을 입히기 시작했다. 초기 호모 사피엔스의 무덤 중
에는 인골의 아랫부분에 붉은 안료가 고르게 남아 있는 사
례가 있다. 이것은 시신을 안치하기 전에 바닥에 붉은 안료
를 두텁게 뿌리는 과정이 있었음을 말해준다. 때로는 바닥

이스라엘
카프제동굴에서
발견한 조가비
장신구. 아래, 길이
4.3센티미터.

*
지질학적 사건이나
암석의 나이를
측정하는 방식으로,
주로 방사성
동위원소의 반감기를
이용하여 연대를
계산한다.

뿐 아니라 뼈에도 붉은색이 진하게 물들어 있는 것으로 보아서, 시신 안치 후에도 다량의 안료를 사용했던 것 같다. 이탈리아의 카비용동굴이나 아렌캉디드 유적이 그 대표적인 사례다.[*]

장례에 사용한 붉은 안료가 시신의 부패를 지연시켰다는 기능적 해석도 있지만, 그보다는 고인을 추모하고 그가 더 강력한 존재로 부활하기를 소망하는 마음으로 무덤을 장식했다는 설명에 무게를 두고 싶다. 자연의 일부로 살아가던 구석기시대 사람들이 시신 부패와 같은 현실적 문제에 대응하려고 다량의 안료를 준비했을 가능성에 대해서는 의문이 앞선다. 왜냐하면 안료는 몹시 희소한 자원이었고, 다른 도구들보다 훨씬 더 많은 기회비용[**]을 지불해야 했기 때문이다. 지금이야 물감을 구하는 일이 어렵지 않지만, 조금만 시간을 거슬러 올라가도 안료는 귀하고 각별한 재료였다. 그리 멀지 않은 조선시대만 해도 청화백자의 푸른빛을 내기 위해서는 아라비아에서 코발트 성분의 안료를 수입해야 했다. 하물며 구석기시대에는 어땠을까.

10만 년의 두께를 간직한 색깔

만약 안료로 추정되는 물질을 발견하더라도, 고고학자는 신중하게 조사에 임해야 한다. 자연계에는 안료와 유사한 천

[*] 이 이야기는 김상태, 「인류애의 기원을 찾아서」, 『단단한 고고학』, 137쪽을 참조하라.

[**] 어떤 품목의 생산 비용을 그것 때문에 생산을 포기한 품목의 가격으로 계산한 비용이다. 주로 인간의 선택에 따른 이익과 손해를 계산할 때 이 개념을 활용한다.

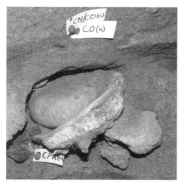

남아프리카공화국
블롬보스동굴에서
발굴한 안료와 가공
도구세트.

연물질이 수없이 존재하기 때문이다. 혹시 유적 근처에 흔히 존재하는 물질은 아닌지, 인간이 사용하기 위해 원료를 가공한 흔적이 있는지, 실제로 그 안료를 사용해서 만든 결과물이 있는지 등을 의심해야 한다.

그럼에도 학계에서는 실험적인 해석이 제기되고 있는데, 아프리카 케냐의 올로게세일리 유적에서 발견된 30만 년 전의 안료 덩어리가 그것이다. 이 물질은 유적으로부터 30킬로미터 떨어진 습지에서 반입되었다. 덩어리는 작지만, 인위적으로 갈고 자른 흔적과 구멍을 뚫은 흔적 등이 남아 있었다. 만약 이것이 정말로 안료라면, 인류 역사상 가장 이른 시기의 색 사용 증거가 될 것이다. 하지만 아직은 그 사실을 확증할 만한 연구 성과가 부족하다.

초기 안료 가운데 비교적 확실한 자료들은 절대연대가 약 10만 년 전 무렵으로 측정된다. 남아프리카공화국 블롬

보스동굴에서는 안료로 추정되는 물질이 전복 껍질에 담긴
채로 발견되었다. 주변에서는 뼛가루와 분쇄 도구로 추정되
는 규암과 돌판 등이 함께 나왔다. 조사자들은 이것을 곱게
빻은 황토에 동물성 지방을 섞어서 붉은색 안료로 만드는
작업에 사용한 도구세트라고 해석했다. 인접한 장소에서 두
세트가 발견되었다는 점이 이러한 추정에 신빙성을 더한다.
앞서 소개한 카프제동굴의 안료도 이와 비슷한 시기의 것
이다. 동굴 안에서 약 70여 점의 붉은색 안료 덩어리가 수습
되었는데, 주로 매장된 사람 뼈 주변에 집중되어 있었다. 정
황상 매장 의식에 사용한 안료로 추정한다. 그 밖에도 조개
류를 장신구로 가공할 때 안료를 사용한 흔적도 확인했다.
이를 통하여 초기 호모 사피엔스들은 적어도 10만~9만 년
전부터 안료의 가공과 사용을 체계화했다고 말할 수 있다.

아름다움을 탐하는 마음

안료의 발견 ②

총천연색의 유혹

대부분의 유용한 것들은 시간이 갈수록 그것에 대한 의존도가 커지고 존재감도 확대되기 마련이다. 예를 들어 의복은 그것이 속한 문화나 환경, 그것을 사용하는 방식이나 상황에 따라 실로 다양한 변화와 발전을 거듭했다. 그 결과 이제는 의복이 없는 삶은 생각조차 하기 어려워졌다. 안료 역시 점차 색채가 다양해지고 사용 범위가 확대되었다. 그리고 마침내 인간 의식의 중요한 부분에까지 영향을 미치게 된다. 희소한 고고학 자료들을 통해 그 과정을 조심스럽게 되짚어보자.

초기의 안료는 모두 자연상태의 물질에서 기원한, 말 그대로 '천연 안료'였다. 자연에서 채취한 안료는 현대의 인공 안료보다 질이 낮거나 가치가 떨어지지 않는다. 발색과 안정성 측면에서는 오히려 인공 안료보다 탁월하다. 그렇기 때문에 천연 안료는 오늘날까지 꾸준히 사용되고 있다. 한

국화를 그리거나 전통 건축의 화려한 단청을 입힐 때 반드시 필요한 석채石彩 혹은 암채岩彩가 대표적이다. 최근에는 숭례문 복원에 천연 안료가 아닌 저급한 품질의 인공 안료를 사용했다가 공사가 끝나자마자 단청이 벗겨지는 사고가 발생하면서 전통 방식으로 생산한 천연 안료의 우수성이 다시 한번 주목을 받았다. 천연 안료의 최대 단점은 대량 생산이 어렵다는 점이다. 천연 재료를 안료로 바꾸는 과정이 길고 복잡하며, 시간과 노동력을 투입한 것에 비해서는 생산량이 턱없이 적다. 이 희소성 때문에 현대에도 여전히 고급 안료로 인식되고 있다. 이것을 대체하기 위해 화학기술을 이용한 합성 안료들을 개발했지만 천연 안료의 발색과 안정성에는 미치지 못했다. 구석기시대의 '원시인'들이 만들기 시작한 천연 안료가 지금까지도 대단한 존재감을 뽐낸다는 것은 흥미로운 일이 아닐 수 없다.

안료의 원재료에 대해 조금 더 알아보자. 인간이 가장 일찍, 그리고 가장 많이 사용한 색은 빨강이다. 자연상태에서 빨간색은 적철석hematite을 많이 함유한 토양이 공기 중의 산소와 결합하여 산화되면서 만들어진다. 우리 주변에서 관찰되는 황토는 대부분 이런 성인*을 갖고 있다. 한때 짙은 빨간색을 만들기 위해 흙을 가열했을 것이라는 가설이 강력하게 제기되었다. 철광 덩어리나 황토는 250~300도 정도의 열처리를 통해 수분을 제거하면 붉은색으로 변하는 성

*
成因. 사물이
이루어지는 원리, 즉
과학에서는 물질이나
자연현상의 원리를
뜻한다.

프랑스
라스코동굴에서
발견한 정제된 안료
덩어리들.

질이 있기 때문이다. 하지만 토양의 가열 여부를 판단할 수
있는 분석 기술이 개발된 이후 구석기시대에는 안료를 열
처리한 사례가 없음을 확인했다. 빨간색과 비슷한 계열인
노란색, 갈색 등은 적철석 함유량에 따라 색이 달라진 것이
라는 사실도 알게 됐다. 그러나 자연상태에서 노란색과 갈
색은 빨간색에 비해 매우 희귀한 편이다. 빨강 못지않게 많
이 사용한 색은 검정이다. 주변에 흔하고 누구나 쉽게 떠올
리는 숯이 인간이 검은색을 만들 때 사용한 주재료다. 구하
기 어렵지만 망간 산화물로도 검은색을 만들 수 있다. 검은
색 안료의 재료가 숯인 경우에는 탄소연대 측정*이 가능하
기 때문에, 또 다른 면에서 중요한 고고학적 자료로 활용된
다. 한편 가장 흔할 것만 같은 흰색은 오히려 가장 희귀하
다. 흰색을 사용한 사례가 적을 뿐 아니라, 흰색이 사용되었
더라도 노랑 계열로 색이 변해서 원래의 색을 확인하기 어
려운 경우가 많다. 이런 흰색 안료는 주로 방해석이나 활석·

*
자연계의 식물에
존재하는 탄소-14는
식물이 죽은 직후부터
5730년마다 절반으로
줄어든다. 따라서
유적에서 채집된
식물유존체나 숯 등에
남아 있는 탄소-14를
측정하면 유적의 연대
확인에 참고할 자료를
얻을 수 있다.

석고·석영 같은 암석에서 채취할 수 있다.

천연에서 인공으로, 안료에서 물감으로

"자연에서 얻을 수 있는 재료"였다고 하더라도 구석기시대에 그것을 채취하는 일은 쉽지 않았을 것이다. 우리는 황토를 향토적이고 어디에서든 쉽게 구할 수 있는 재료라고 생각하는 경향이 있는데, 주변을 둘러보면 결코 흔하지 않음을 금방 깨닫게 된다. 게다가 황토를 안료로 사용하기 위해서는 산화철이 다량 함유되어 있어야 한다. 안료에도 일종의 생산지와 광산이 존재하는 것이다. 과거에는 삶에 필요한 모든 것을 오직 자연에서만 구할 수 있었다. 동물이 많아서 사냥하기 좋은 곳, 석기의 재료로 쓸 좋은 돌이 풍부한 곳, 계절 따라 갖가지 열매를 채취할 수 있는 곳 등 생존에 유리한 여러 가지 조건을 경험을 통해 상세히 파악하고 있어야 했다. 그 데이터베이스 안에 안료 채취 광산도 들어 있었을 것이다. 유적에서 발견된 안료의 원산지를 조사해보면 생산한 곳과 사용한 곳이 수십 킬로미터 이상 떨어져 있기도 하다. 현대의 석채 생산자들 역시 재료 구하는 일에 가장 큰 어려움을 겪고 있으니, 예나 지금이나 귀한 자원을 얻는 일은 변함없이 어렵다는 사실을 알 수 있다.

자연에서 재료를 구했다면 그다음은 그것을 사용할 수

있는 안료로 가공해야 한다. 흙에서 채취한 경우라면 고운 입자를 정제해야 한다. 돌을 채취했다면 먼저 곱게 빻아 불순물을 제거한 뒤, 역시 정제 과정을 거쳐야 한다. 앞서 소개했던 블롬보스동굴과 카프제동굴에서 발견된 10만 년 전 안료는 이 과정을 거친 상태였다. 따라서 이보다 이른 시기부터 자연상태에 가까운 안료를 사용하기 시작했을 것이라고 추정할 수 있다.

안료의 사용 범위가 넓어지면 그에 따라 가공 방법도 다양해져야 한다. 만일 아무런 가공 없이 사용한다면 색상이 균일하지 못한 것은 당연하고, 그보다 더 큰 문제는 결과물을 장기 보존하기 어렵다는 점이다. 주변에서 구한 황토에 물을 섞어서 덩어리로 뭉친 뒤, 그것으로 바위에 그림을 그려보면 바로 알게 될 것이다. 겨우 알아볼 수 있을 정도로 흐릿하게 색이 칠해지고, 비라도 내리면 곧 지워져버린다.

가장 단순한 단계부터 살펴보자. 먼저 안료를 뿌리는 경우라면 약간의 정제 과정만 거친 후 재료를 물과 섞으면 된다. 다음으로 어딘가에 칠하는 용도라면 안료가 대상의 표면에 잘 부착되도록 끈끈한 성질을 추가해야 한다. 인간의 피부나 작은 장신구에 사용할 때는 물이나 침, 혈액에 개면 된다. 그렇지만 동굴 벽면에 그림을 그리려면 좀 더 복잡한 가공 과정을 거쳐야 한다. 안료가 동굴의 거칠고 습한 벽면에 잘 붙어 있으려면 강력한 교착제가 필요하기 때문이다.

우리는 블롬보스동굴에서 나온 안료세트로 구석기시대의
안료 가공 과정을 추적해볼 수 있다. 손바닥만 한 크기의 전
복 껍데기 안에는 빨간색 안료가 가득 담겨 있었다. 그리고
그 위에는 납작한 규암 자갈돌이 올려져 있었다. 빨간 안료
에서는 잘게 부순 뼛조각도 나왔다. 연구자들은 이것을 근
거로 곱게 부순 안료 가루에 지방이 풍부한 동물의 골수를
교착제로 섞었다고 추정했다. 둥글고 납작한 규암 자갈돌은
안료와 골수를 으깨고 섞는 도구였을 것이다. 이 시기에 동
물의 지방은 등잔불의 연료가 되기도 하고 벽화 안료의 교
착제로도 사용하는 귀중한 자원이었던 것이다.

원시와 현대의 교집합

벽화가 발견된 동굴 내부에서는 안료 덩어리가 자주 출토
된다. 이 또한 동굴 밖에서 미리 정제 과정을 거친 뒤 덩어
리 형태로 반입한 것이다. 이와 같은 고고학적 증거에 비추
어보면 구석기시대의 사람들은 평소 다양한 색의 안료 재
료를 꾸준히 채집한 뒤 분쇄와 정제 과정을 거쳐서 안료 덩
어리로 보관하다, 필요할 때 그것을 빻고 교착제를 혼합해
사용했을 것이다. 요즘에도 석채 가루를 미리 만들어놓았다
가 사용 직전에 아교를 섞는 것과 비교하면, 원시의 방식과
현대의 방식은 본질적으로 동일하다.

천연 안료를 사용한 대표적 사례가 바로 구석기시대 벽화다. 동굴마다 벽화를 그린 시기나 사용한 안료가 조금씩 다르다. 이것은 안료의 발달 과정을 보여주는 것일 수도 있고, 벽화 제작자들의 취향을 반영한 것일 수도 있다. 벽에 색을 칠하는 방법도 다양했다. 액상 안료를 입에 머금었다가 뿌리거나(스프레이 효과), 나뭇가지나 가는 뼈에 묻혀서 선을 긋거나(연필 효과), 손가락이나 동물의 털을 이용해 넓게 칠했다(붓 효과). 그렇게 원시적인 방법으로 그렸음에도 피카소를 놀라게 할 만큼 훌륭한 예술품들이 탄생했다.[*]

인간이 색을 소유하기 시작한 지 약 10만 년이 지났다. 이제는 색 없는 세상을 상상할 수 없을 만큼, 색은 다른 도구들과 마찬가지로 우리 삶을 더욱 풍요롭게 만들어주었다. 이처럼 색은 고도로 진화한 눈과 날로 발전한 도구의 아름다운 상호작용의 결과다.

[*] 이 이야기는 김상태, 「인간은 언제나 아름다움을 찾는다」, 『단단한 고고학』, 65~74쪽을 참조하라.

아시아 예술혼의 기원을 찾아서

새로운 발견은 언제나 반대를 부르지

이번에는 조금 낯선 이야기를 해보려 한다. 우리가 살고 있는 아시아 지역의 구석기시대 예술이 그 주제다. '구석기시대 예술'이라는 말을 들었을 때 대개는 유럽에 있는 라스코동굴이나 알타미라동굴의 벽화를 먼저 떠올린다. 그동안 유럽을 중심으로 축적된 구석기시대 벽화 연구가 만들어낸 선입견 때문이다. 하지만 비슷한 시기에 아시아에 도착한 인류도 예술의 기원이라 부를 만한 무엇인가를 탄생시켰다. 아시아에도 유럽에 견줄 만한 작품이 존재했으니, 지금부터 아시아 지역의 구석기시대 예술에 대한 최소한의 지식을 알아보자.

이 분야에서 최근에 가장 주목받는 지역은 아시아의 남쪽에 있는 해양국가 인도네시아다. 여러 섬들로 구성된 인도네시아 지역은 빙하기를 거치는 동안 해수면 변동을 비롯해 대규모 환경 변화를 여러 차례 경험했다. 해수면이 높

아지면서 사라진 대륙 '순다랜드Sundaland'는 아프리카를 출발해 동쪽으로 향하던 고인류들의 주요한 이동 경로 중 하나였을 것이다. 인도네시아는 그 경로에서 오스트레일리아로 연결되는 중간 기착지였다. 따라서 사피엔스의 이동을 보여주는 중요한 고고학 유적이 많이 남아 있다. 최근 다수의 벽화가 발견되고 있는 인도네시아 술라웨시섬 역시 그러한 고고학적 배경을 갖고 있는 지역이다.

호주 그리피스대학교의 막심 오베르 연구팀은 술라웨시 남서부 지역에 있는 수백 개의 석회암동굴 중 일곱 곳에서 벽화를 찾아내 연구를 진행하고 있다. 이 벽화들 중 일부는

순다랜드 추정 지역과 고인류의 해양 이동 경로. 11만~1만 2000년 전 마지막 빙하기에는 동남아시아와 오세아니아의 여러 섬들이 육지로 연결되어 있었다.

컴퓨터 그래픽 기술로
보정한 인도네시아
레앙테동게동굴 벽화.

1950년대 네덜란드 고고학자 헤이렌 팜 등에 의해 이미 확인된 상태였다. 다만 발견 당시 신석기시대 이후의 그림으로 알려지며 별다른 주목을 끌지 못했다. 그러던 중 최근 새로운 과학적 발견에 기반한 절대연대 측정을 통해 구석기시대의 그림이었다는 사실이 밝혀지며 전 세계 벽화 연구자들이 주목하고 있다.

석회암동굴은 외부로부터 물이 공급되는 한 꾸준히 규모가 확장된다. 따라서 만일 특정 시기에 누군가가 벽면에 그림을 그렸고 시간이 흘러 그림 위에 석회 생성물이 덮였다면, 석회 생성물의 연대를 측정해서 그림의 제작 시기를 추정할 수 있다. 우라늄 계열U-series 동위원소 분석으로 이런 환경에서 생성된 석회층의 연대를 측정할 수 있다. 이를 통해 술라웨시섬의 동굴에서 유럽의 동굴보다 더 오래된 벽화를 발견했고, 그것이 '인류 최초의 벽화'로 언론에 보도됐다. 유럽에서 현재까지 가장 오래된 것으로 알려진 벽화는 스페인의 엘카스티요동굴의 '손 프린팅'이다. 대략 4만 년 전 무렵 만들어진 것이다.

그런데 술라웨시 레앙테동게동굴에서 측정된 연대는 그보다 5000년가량 더 오래되었다. 아시아에서 발견된 벽화의 연대를 유럽 연구자들이 받아들이려면 좀 더 많은 자료와 시간이 필요하겠지만, 절대연대의 신뢰도는 충분하다. 물론 유럽에도 6만 년이 넘었다고 추정되는 벽화들이 있다. 따라서 벽화 연구가 단순히 어디가 더 오래된 것인지를 따지는 '최초 논쟁'이 되어서는 곤란하다.

그동안 나는 유럽의 벽화를 보면서 '어째서 모두 잘 그린 것들만 있는 걸까'라는 의구심을 가졌다. 기술이든 예술이든 대개는 출현기의 어수선하고 조악한 단계가 있고, 뒤이어 발전기를 거쳐 전성기의 화려하고 세련된 단계에 이른다. 그리고 마지막으로 조잡한 쇠퇴기의 모습을 끝으로 자취를 감춘다. 이에 비해 유럽의 벽화는 거두절미하고 갑자기 전성기 수준만 하늘에서 툭 하고 떨어진 것처럼 보인다. 바꾸어 말하면 유럽에서는 아직 출현기의 조악한 벽화들이 발견되지 않은 것일 수 있다. 그리고 어쩌면 그 연대가 술라웨시섬의 벽화보다 빠를 수도 있다. 인도네시아에 있는 '유럽보다 이른 시기의 벽화'들도 이와 같은 관점에서 수용되고 상호보완적으로 연구되는 것이 바람직하다.

그림이 우리에게 말하는 것

술라웨시의 벽화들을 좀 더 자세히 살펴보자. 먼저 레앙테
동게동굴에는 최소 네 마리 이상의 야생 돼지 그림이 있고
돼지 엉덩이 근처에는 사람의 손바닥 그림이 있다. 야생 돼
지는 이 지역의 고유종인 술라웨시 워티피그의 유사종으
로 추정하고 있다. 검붉은색 안료를 사용해 몸통을 그리고,
좀 더 밝은색 안료를 사용해서 등줄기를 따라 난 긴 털을 강
조했다. 그림 위를 덮고 있던 얇은 석회층에서 4만 6000~
4만 3000년 전이라는 연대가 측정되었다. 한편 이곳에서 가
까운 레앙발랑가지아동굴에서도 야생 돼지와 손바닥 그림
이 발견됐다. 그림으로 묘사된 야생 돼지의 크기는 몸길이
1.1미터에서 2미터에 이른다. 그림의 기법은 유럽의 벽화들
과는 사뭇 다른데, 면을 칠하지 않고 길쭉한 선들을 촘촘하
게 그어가며 입체감을 표현했다. 곧고 짧은 선으로 야생 돼
지의 빳빳한 털을 생생하게 전달한다는 점이 상당히 인상적
이다. 멀지 않은 곳에 있는 마로스팡켑동굴에는 물소의 일
종인 아노아Anoa 그림과 다수의 손바닥 그림이 남아 있다.
　인도네시아와 가까운 오스트레일리아 북동부 동굴에서
도 벽화가 발견됐다. 아넘랜드 지역의 동굴과 바위그늘에
는 대략 4만 년 전 무렵에 그렸다고 추정되는 벽화들이 분
포해 있다. 이 지역의 고유종인 캥거루와 태즈메이니아호랑
이 같은 멸종된 동물을 묘사한 그림도 대부분 붉은색 계열

오스트레일리아
아넘랜드 벽화 속의
태즈메이니아
호랑이.

의 안료를 사용했고, 면을 색칠하기보다는 선으로 채워놓았
다. 이와 같은 그림 기법의 유사성을 통해 오스트레일리아
의 벽화 제작자들이 인도네시아 지역의 벽화 제작자와 같
은 계통의 집단이었다고 추정할 수 있다.

아시아의 북부 지역인 몽골에도 다수의 구석기시대 예술
이 남아 있다. 몽골 서부 알타이 지역의 호이트쳉헤르동굴
에서는 2만 년 전쯤에 그렸다고 추정되는 벽화가 발견되었
다. 검은색과 붉은색 계열의 안료만 사용해서 들소, 사슴, 산
양, 코끼리, 타조 등을 그렸다. 몽골 동북부 헨티아이막의 라
샨하드에는 동굴이 아니라 들판 한가운데에 털코뿔소 세 마
리를 조각한 암각화가 있다. 이 암각화 근처에서 서울대학
교 팀이 발굴조사를 한 적이 있었는데, 당시 수습된 동물 뼈
에서 4만 년 전 무렵의 연대가 측정되기도 했다. 암각화와
발굴된 뼈가 어떤 관계인지 구체적으로 알려주는 자료는

몽골 라산하드의
털코뿔소 암각화.

없지만, 털코뿔소는 오래전 멸종된 동물이므로 유적을 남긴
사람들과 암각화 제작자는 밀접한 관계였을 가능성이 없지
않다.

우리나라에서 구석기시대 유적 조사가 한창 증가하던
1990년대 무렵, 유독 전라도와 경상도에서는 구석기 유적
이 발견되지 않았다. 한반도 남부는 고인류가 살기에 부적
절한 환경이었는지를 의심해야 할 정도였다. 하지만 그 의
문은 얼마 되지 않아 해소되었다. 유적이 발견되지 않은 까
닭은 그 지역에 구석기시대 연구자가 없었기 때문이다. 이
를 통해 특정 지역의 연구 인력 부재가 과거에 그 지역이 문
화 공백지대였다는 오해를 초래할 수도 있음을 알게 되었
다. 아시아 동굴 벽화의 희소성 역시 그런 사례들 중 하나일
뿐이다. 문제는 현재까지의 발견을 바탕으로 결과를 속단하
거나 편견을 갖고 바라보는 시선이다.

최근 기후위기로 인해 인도네시아의 동굴 벽화가 빠른 속도로 훼손되고 있다. 온난화에 따른 기계적 풍화의 가속화나 각종 미생물의 활발한 작용 등이 벽화를 사라지게 하고 있는 것이다. 세계유산 지정이나 첨단 보존기술의 지원 등을 통해 기록과 보호 대책이 마련되기를 바란다.

보이지 않는 상징의 힘

쓸모없음 속에 깃든 특별함

지금부터는 이제까지 언급한 도구들에 약간의 문화적 요소를 더해보자. 앞에서 동굴 속 어둠을 걷어낸 등잔과 안료를 사용하여 그린 오래된 벽화들에 관해 알아보았다. 거기에 실용적이지 않은 도구 몇 가지를 더하면 결코 단순하지 않은 인간의 인지발달 과정이 보이기 시작한다. 모아서 보면, 따로 볼 때와는 또 다른 차원의 의미를 발견할 수 있기 때문이다. 우리의 직계 조상인 호모 사피엔스들이 아주 오래전에 경험한 인지발달의 변곡점 하나를 되짚어보자.

변화를 암시하는 가장 대표적인 도구로 장신구를 들 수 있다. 왜 고고학자들은 장신구의 출현에 남다른 의미를 부여할까? 다른 도구와 달리 장신구는 개인의 소유물인 동시에 그렇지 않기도 한, 양면성을 갖기 때문이다. 신체를 장식하는 장신구는 이미 그 자체로 타인을 의식한 도구다. 또한 철저하게 생물학적 진화의 산물인 인간의 몸을 사회적 도

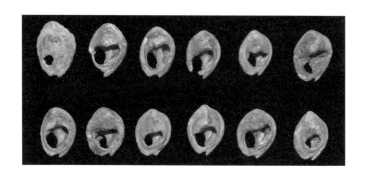

모로코
비즈무네동굴의
조가비 장신구. 길이
1센티미터 내외.

구로 전환해준다. 이 과정을 '인체의 문화화'라고 정의할 수
있다. 인간은 직접적인 신체 장식이나 장신구 착용을 통해
서 집단 내에서 자신의 위치를 드러낼 수 있고, 그걸 본 상
대방은 장신구를 착용한 사람의 정체성 일부를 이해할 수
있다. 장신구의 이러한 기능은 바로 상징성에서 나온다. 인
간은 몸짓이나 언어가 아닌 장신구 자체의 상징성으로도
타인과 소통할 수 있다. 상징물을 통한 직관적 소통이 언어
보다 훨씬 효과적인 경우도 많다. 올림픽 경기장을 떠올려
보자. 그곳에서는 유니폼에 인쇄된 국기만으로도 상대방이
소속된 집단을 알 수 있고, 그에 따라 경쟁심이나 동질감 같
은 감정이 형성된다. 상징의 힘 때문이다. 그런 점에서 장
신구의 출현은 인간 인지능력과 집단의 성격에 모종의 변
화가 시작되었음을 암시하는 가장 강력한 고고학적 증거로
인정되고 있다.

　가장 이른 시기의 장신구는 아프리카 북서부 모로코의

비즈무네동굴에서 출토되었다. 그곳에서 약 14만 년 전에 33개의 바다고둥에 구멍을 뚫어 만든 장신구가 발견되었다. 끈으로 고둥을 꿰어 마치 목걸이처럼 만들었으며, 고둥 표면에서는 미량의 붉은 안료도 검출되었다. 이 유적은 현재 해안선으로부터 12킬로미터 떨어져 있다. 하지만 과거 빙하기의 해수면 높이를 감안하면 제작 당시에는 해안선과 약 50킬로미터 거리였을 것이다. 비즈무네 사람들이 고둥을 얻으려면 직접 바다까지 갔다 오거나, 다른 무엇과 고둥을 교환했어야 한다. 바다고둥은 크기가 1센티미터 정도밖에 되지 않아서 식량으로서는 가치가 거의 없다. 이런 점에 비추었을 때 애초에 장신구를 만들 목적으로 반입했다고 간주할 수 있다. 한편 이스라엘의 카프제동굴에서는 식용 조개의 일종인 글리시메리스*로 만든 장신구가 발견되었다. 등쪽 각정 부위에 구멍이 뚫린 10여 개의 조가비를 현미경으로 관찰해보니 붉은 안료와 끈으로 엮었던 흔적이 나왔다.

연구자들은 인간의 뇌는 곡선이나 곡면 형태의 물체에 호감을 느끼며, 그러한 특성 때문에 조가비를 장신구로 사용하기 시작했을 것이라고 설명한다. 육상생활을 하는 사람들은 둥글고 매끈한 바다 조개류를 일상에서 자주 접하기 어려웠을 것이다. 바로 이 희소성이 조가비에 더욱 특별한 의미를 부여했는지도 모른다. 그들 역시 그 특별함에 어

* Glycymeris. 지중해 일대에 주로 서식하는 바지락의 일종으로, 해변에서 조가비 상태로 흔하게 채집할 수 있다.

떤 상징을 더해 자신을 돋보이게 하거나 공동체에 대한 소
속감을 드러내고자 했을 것이다.

　잠시 시선을 돌려서, 종종 장신구와 함께 등장하는 '끈'
을 살펴보자. 십수만 년 전, 조가비 장신구가 등장했을 무
렵부터 끈도 존재했을 것이라고 추측할 수 있다. 하지만 안
타깝게도 끈은 유기물이므로 시간이 지나면 부패하고 결국
사라진다. 현존하는 가장 오래된 끈의 흔적은 프랑스의 아
브리뒤마라스 유적에서 나왔다. 5만~4만 년 전의 침엽수
섬유질로 만든 끈인데, 먼저 가느다란 식물성 섬유를 꼬아
서 가는 실을 만든 뒤, 그것을 세 가닥씩 모아 꼬아서 만든
것이다. 좀 더 가까운 시기에 만든 끈은 흑해 연안 조지아에
있는 주주아나동굴과 프랑스의 라스코동굴 유적 등에서 확
인됐다. 라스코동굴에는 끈 자국이 선명하게 찍힌 진흙 덩
어리와 끈의 일부가 발견됐다. 높은 벽과 천정에 벽화를 그
리기 위해서는 사다리 형태의 구조물이 필요한데, 바로 그
사다리를 만들 때 끈을 사용했을 것이다.

말하지 않은 의도를 알아차리는 일

또 다른 도구에서도 변곡점의 징후를 감지할 수 있다. 어
떤 의미인지 알 수 없는 문양들에 주목해보자. 기하학적 형
태와 개념은 주먹도끼*의 등장과 함께 이미 형성되었다고

*
Hand Axe. 호모
에렉투스가 만든
최초의 정형성을
가진 돌 도구. 형태에
대한 사전 설계와
이를 구현하는 기술이
뒷받침되어야 제작이
가능하다. 세계
각지에서 100만 년
이상 사용되었다.
우리나라에서는
경기도 연천군 전곡리
유적에서 발견된
유물이 대표적이다.

본다. 하지만 그것은 일상 도구의 효율과 관련된 속성이므로, 상징성을 갖고 있다고 보기는 어렵다. 블롬보스동굴의 무늬가 새겨진 안료 덩어리는 그런 면에서 이전과는 완전히 다른 성질을 띠고 있었다. 상당히 많은 양의 안료 덩어리를 동굴 내부에서 수습했는데, 그중 두 개에서 기하학적 무늬가 발견되었다. 안료를 갈아서 평평하게 만든 뒤, 그 위에 연속해서 마름모꼴 무늬를 그리고, 마지막으로 가로줄 세 가닥을 추가하여 상부·중부·하부를 구획했다. 이 안료의 연대는 약 7만 7000년 전으로 추정된다.

남아프리카공화국 블롬보스동굴에서 나온 선 장식이 있는 안료(위, 길이 5.4센티미터)와 디에프클루프의 바위그늘에서 나온 선 장식이 있는 타조알 껍질(아래).

신중한 연구자들은 블롬보스 무늬의 의도성을 의심할 수 있다. 의도를 갖지 않은 채 아무렇게나 선을 그은 결과로 볼 수도 있기 때문이다. 하지만 남아프리카공화국의 디에프클루프의 바위그늘 유적에서 발견된 타조알 껍질은 그럴 여지조차 없다. 타조알 표면의 무늬는 신석기시대 빗살무늬토기처럼 반듯하고 규칙적이다. 200여 개의 껍질 파편 중 일부에 알의 볼록한 끝부분을 섬세하게 쪼아 구멍을 낸 흔적도 남아 있었다. 아마도 구멍을 통해 내용물을 모두 제거한 후 껍질에 무늬를 새겼을 것이다. 유적 근처에는 황토 성분이 없음에도, 흰 알 껍질이 붉게 물들어 있는 것도 의도적 착색의 결과로 볼 수 있다. 오늘날에도 아프리카 남부 칼라하리사막에 거주하고 있는 원시 부족은 지금도 타조알을 물통으로 사용하는데, 당시에도 비슷한 용도로 알을 가공했던 게 아닐까?

보이지 않는 것을 사용하여 생존하는 법

지금으로부터 약 10만 년 전후에 인류의 생활에 상징이 등장한 이유는 무엇일까? 이 무렵에는 현생인류의 직계 조상인 호모 사피엔스가 아프리카에서 활동하고 있었다. 그런데 빙하기가 시작되면서 아프리카 지역의 숲과 초원이 서서히 사막으로 바뀌었다. 서식 동물의 구성도 바뀌면서 그곳을 터전으로 삼고 있던 사냥꾼들 역시 대규모 환경 변화에 대처해야 했다. 그 가운데 일부가 숲을 떠나 바닷가 근처 동굴에 터를 잡고 해양자원을 이용하기 시작했던 것으로 보인다.

빙하기와 같은 대규모 환경 변화는 개인의 신체 능력만으로는 극복하기 어려운 현상이다. 사람들끼리 힘을 모으고 소통하고 교류하여 집단의 유대를 강화해야 살아남을 확률이 높아진다. 상징은 이렇게 지속적으로 변화하는 환경에 적응하며 집단의 생존 가능성을 찾는 과정에서 싹 텄을 것이다. 수백 만 년에 걸쳐 진화한 인간의 인지능력이 마침내 상징이라는 새로운 생존 수단을 확보하게 된 것이다.

상징은 일종의 언어이며, 그것을 통해 더 큰 집단을 구성할 수 있고 구성원들 간의 결속도 강화할 수 있다. 원시 상태에서 집단의 성장과 협력은, 곧 더 높은 생존 가능성으로 이어진다. 이것이 호모 사피엔스가 아프리카를 벗어나 유럽과 아시아를 거쳐, 오세아니아와 아메리카 대륙으로 삶터를 확장하는 원동력이었을 것이다. 오늘날 우리가 한글이나 알파벳과 같은 정교한 상징체계를 통해 소통 범위를 확장하고 수천만 명, 수억 명 규모의 단일 집단(국가)을 운영할 수 있게 된 것도 십만 년 전 투박하기 그지없는 조가비 장신구로부터 기원했다.

세상에 음악이 흐르기 시작했다

마음을 다스리는 소리의 힘

인간이 만든 초기 도구들 중에 '향정신성 도구'가 있다. 향정신성向精神性이란 습관 또는 중독 등의 방법으로 인간의 정신 기능에 영향을 미치는 성질이다. 주로 의약품이나 마약류에 붙는 용어인데, 도구에도 이 말을 붙일 수 있다. 고도의 지적 존재라고 자부하는 인간의 내면을 이리저리 휘저을 수 있는 가장 대표적인 도구는 다름 아닌 '음악'이다. 2010년 밴쿠버 동계올림픽 피겨스케이팅 종목에서 김연아 선수가 압도적인 점수로 우승을 차지한 극적인 시간을 기억하고 있다. 경기를 마친 후에도, 그리고 시상대 가장 높은 곳에 올라가서 금메달을 목에 건 순간에도 생글생글 웃던 김연아 선수가 애국가가 울려 퍼지자 꾹꾹 참았던 눈물을 흘렸다. 그날 중계를 본 많은 국민이 그 장면에서 함께 울컥했을 것이다. 그 이유는 자신도 모르게 음악의 힘에 사로잡혔기 때문이다. 매일 방송되는 드라마나 영화부터 크고 작은 축제, 심지어 삶과 죽음이 오가는 전쟁터까지, 인간이 있는 곳에는 어디든 음악이 있다. 음악은 호수와 같이 고요했던 마음을 순식간에 태풍 속으로 내몰 수 있고, 반대로 머릿속에 휘몰아친 생각의 폭풍을 일시에 잔잔하게 진정시킬 수도 있다. 이와 같은 음악 역시 인간이 만든 무형의 도구다. 수만 년 전의 음악 소리는 허공으로 사라져버렸지만, 그것을 만들어낸 도구들이 남아서 원시 음악의 존재를 보여준다.

맨처음 등장한 악기는 호루라기whistle라고 불리는 작은 뼈다. 순록 발가락뼈에 구멍을 하나 뚫은 단순한 형태로, 구멍에 바람을 불어넣으면 '삐익' 소리가 난다. 이런 호루라기가 3만 년 전부터 1만 년 전까지의 유적에서 꽤 많이 발굴되었다. 하지만 이것을 정말로 악기라고 볼 수 있는지에 대해서는 의견이 분분하다. 하나뿐인 구멍이 육식동물의 이빨에 의해 뚫린 것일 수도 있고, 뼈의 약한 부분에 자연적으로 구멍이 생긴 것일 수도 있다는 반론도 있다. 또 극지방 이누이트족의 일부는 사슴 발가락뼈에 여성을 상징하는 치장을 해서 임신 소망 부적으로 사용하기도 한다. 뼈의 전체적인 형태가 여성의 신체와 유사하기 때문이기도 하고, 이 경우에도 여성을 상징하기 위해 동일한 위치에 구멍이 뚫는 경우가 종종 있기 때문이다. 여러가지 이유로 해서 이 호루라기가 악기인지 아닌지 판가름하려면 연구가 더 필요하다.

최초의 악사는 누구였을까

그에 비해 피리는 확실히 악기다. 심지어 호루라기보다 더 오래된 것도 있다. 아직 논란의 여지가 있지만, 가장 오래된 피리라고 알려진 '네안데르탈인의 피리'가 대표적이다. 1995년에 지중해 연안 슬로베니아 디브예바베동굴의 네안데르탈인 문화층에서 뼈로 만든 피리 한 점이 발굴되었다. 새끼 동굴곰의 다리뼈로 만들었는데, 잔존 길이는 11.4센티미터이고 중간에 구멍이 두 개 남아 있다. 뼈의 양 끝부분에도 구멍의 흔적이 남아 있었다. 만일 이것이 피리가 맞다면 약 6만 년 전 네안데르탈인이 악기를 연주했다는 뜻이다. 하지만 부정적인 견해가 쏟아졌다. 예컨대 석기로 구멍을 뚫었을 때 생길 수 있는 주변 손상흔이 보이지 않았고, 구멍 외에 다른 가공 흔적이 전혀 없으며, 늑대나 하이에나 같은 육식 동물의 송곳니에 의해서도 그와 같은 구멍이 생길 수 있다는 반론이 나왔다. 양쪽 끝에 있는 흔적도 구멍으로 보기 어렵다는 의견도 제기됐다.

　이 뼈를 피리로 인정하는 쪽에서는 뼈 펀치*를 사용했을 경우 손상흔을 남기지 않고 깔끔하게 구멍을 만들 수 있으며, 구멍 외에는 육식동물의 이빨 흔적이 없다는 점에서 인간이 만든 도구라고 주장했다. 만약 늑대나 하이에나 같은 동물의 이빨 흔적이라면 지름이 0.3~0.5센티미터 크기여야 하는데, 뼈 피리 구멍의 지름은 0.7~0.8센티미터 정도이므

*
Punch. 대상에 구멍을 뚫을 때 사용하는 도구.

로 인간이 만든 구멍일 가능성이 높다고 덧붙였다. 이들은 뼈 피리를 복원해서 연주하는 실험까지 했다.

인간은 풀잎이나 빈 병도 입으로 불어서 소리를 낼 수 있는 재주꾼이다. 더구나 복원된 피리는 존재하지 않는 취구 mousepiece 부분까지 추정하여 복원한 상태라, 이것이 피리였다고 확증하는 데 한계가 있다. 하지만 이 피리가 발견되기 전까지 악기는 호모 사피엔스의 전유물로 인식되었으므로 이 논란은 남다른 의미를 갖는다고 할 수 있다. 과연 음악의 기원이 네안데르탈인까지 거슬러 올라갈 수 있을까? 장차 더 정교한 분석기술이 등장해서 네안데르탈인의 피리 논쟁이 새로운 국면을 맞이하기를 기대한다.

호모 사피엔스들의 피리는 꽤 많이 알려져 있다. 그중에서 가장 오래된 것은 독일 홀레펠스동굴에서 발굴되었다. 속이 빈 독수리 날개뼈에 구멍이 다섯 개 뚫려 있고 맨 끝에는 V자 모양의 취구가 남아 있다. 직경 0.8센티미터에 길이 21.8센티미터인 이 유물은 누가 봐도 한눈에 피리임을 알아볼 수 있다. 다섯 번째 구멍은 반만 남아 있는데, 그 아래로 구멍이 더 있었을 가능성도 있다. 홀레펠스동굴 유적은 약 4만 2000년 전에 형성되었다. 동굴에서 매머드 상아로 만든 풍만한 비너스상도 함께 발견되면서, 당시에 예술적 행위들이 복합적으로 이루어졌음을 추측하게 한다.

그 밖에도 독일의 포겔헤르트동굴에서 상아로 만든 피

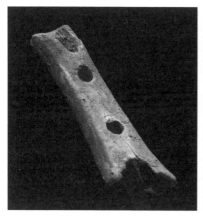
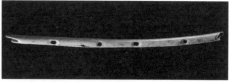
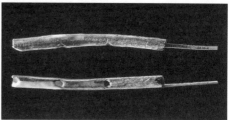

리가, 가이센클뢰스테를레동굴에서는 백조 날개뼈와 매머드 상아로 만든 피리가 발견되었다. 백조 날개뼈 피리는 약 3만 6000년 전의 것으로, 길이 12.6센티미터에 구멍이 세 개 뚫려 있다. 새의 날개뼈는 구하기 어렵지만 속이 비어 있어서 피리로 만들기 좋은 재료다. 그에 비해 매머드 상아는 구하기는 쉽지만 속을 파내야 했으므로 제작이 훨씬 까다로웠을 것이다. 상아를 반으로 가른 후 속을 파고 구멍을 뚫은 다음 다시 결합하는 공정을 거쳐 만들었을 것이다.

시간의 강을 거슬러 올라가는 방법

관악기의 일종이지만 결이 조금 다른 악기도 있다. 프랑스 마르술라스동굴에서 발견된 큰 소라가 그 주인공이다. 이 동굴에서 소라 껍데기가 발견된 것은 1931년인데, 시간이 한참 흐른 2018년에 CT 촬영과 내시경 정밀 조사를 통해서 이 소라를 악기로 사용했다는 사실을 확인했다. 소라 내

프랑스
마르술라스동굴의
소라 나팔. 길이
31센티미터.

부에는 붉은색 안료로 그린 그림이 있고, 나팔처럼 넓게 벌
어진 입술 부분은 섬세하게 다듬어서 부드러운 곡선 형태
로 가공했다. 현대에 소라 나팔을 연주할 때 벌어진 소라 입
술 부분에 손을 넣어 음의 높낮이를 조절하는데, 아마도 같
은 목적으로 일부를 제거하고 매끄럽게 가공한 것으로 추
정한다. 원시의 제작자는 소라의 뾰족한 뿔 부분도 일부분
제거하였고, 내부의 나선형 격벽에는 두 개 층을 관통하는
구멍을 뚫어놓았다. 뿔 부분은 입술을 대고 바람을 불어 넣
기 위한 취구에 해당하는데, 이를 위해 일부를 제거하고 구
멍을 뚫은 뒤 대롱 형태의 마우스피스를 끼운 것으로 보인
다. 취구 주변에 마우스피스를 고정할 때 사용한 수지로 추
정되는 갈색 유기물이 남아 있어서 이러한 해석에 신빙성
을 더해준다. 약 1만 8000년 전에 만든 소라 나팔의 구조가
현대의 소라 나팔과 거의 동일하다는 점이 놀랍다. 어쩌면
이보다 더 일찍 원시적 형태의 소라 나팔이 출현했을 것이

라는 추정도 가능하다.

이러한 연구 성과들에도 불구하고 수만 년 전에 뼈와 상아, 소라로 만든 이 도구들을 오늘날의 피리나 나팔과 동일한 '악기'로 간주하기는 여전히 조심스럽다. 그 무렵에 만든 벽화나 조각품, 장신구 등에 대해서도 그렇다. 원시 인류가 그 행위를 음악으로 여기고 예술이라고 생각했을지도 단언하기 어렵다. 우리는 경험과 지식을 근거로 판단하기 때문이다. 가느다란 원통형 물체에 구멍이 몇 개 뚫린 걸 보고 피리로 단정해버리는 행동이 실수일 수도 있다는 의미다. 그럼에도 구멍 뚫린 긴 뼈들을 분석한 결과를 종합하면, 높낮이가 다른 몇 개의 음을 내는 물건임에는 분명하다. 때마침 그것들이 호모 사피엔스의 등장과 함께 나타났고, 전에 없던 상징성을 가진 요소들과 같은 장소에서 발견되고 있다. 이 모든 정황이, 구멍 뚫린 뼈들은 원시적이지만 분명히 음악 도구였다고 말하고 있다. 희미한 등불이 켜진 동굴 안에서 이 도구들이 소리를 내기 시작하면, 벽화와 조각 속 주인공들이 꿈틀거리며 깨어나 인간의 마음과 정신을 사로잡아 신화의 세계로 끌고 갔을 것이다. 바로 그 순간, 세상에 음악이 흐르기 시작했다.

"자연은 어찌하여 인간으로 하여금
두 발로 서서 걸으며 생각하게 했을까?"

우리가 그 뼈다귀를 집어 든 순간, 그것은 우리의 도구가 되었다

뼈로 만든 도구 ①

돌과 뼈에 남아 있는 인류의 삶과 생각들

영장류에서 인류로 변화하는 과정은 생물학적 진화를 추적하는 방식으로 확인할 수 있다. 그러나 인류의 성장 과정은 도구의 발달까지 보아야 온전히 이해할 수 있다. 현대 문명과 문화의 다양한 면면들 가운데 도구로 정의할 수 없는 것은 사실상 없다. 인간만이 가진 고도의 무형유산인 정신문화조차도 도구를 통해 표현되고, 전수되며, 남겨진다. 지금 우리가 이 책을 읽으면서 까마득히 앞선 시대를 살다 멸종된 고인류의 정신세계를 조금이라도 엿볼 수 있는 까닭도 그들이 남겨둔 도구 덕분이다. 인간의 초창기 도구 중에는 드물게 자연계에서 인간만의 남다른 시각과 사고체계를 보여주는 것들이 있다. 뼈나 뿔 등으로 만든 도구가 바로 그렇다. 돌 도구의 강하디강한 인상 뒤에서 엉거주춤한 조력자처럼만 보이던 뼈 도구의 진면목에 대해서 이야기해보자.

현재까지 알려진 가장 이른 시기의 돌 도구는 케냐 투

르카나호수 근처에서 발견된 약 330만 년 전의 것이다. 성인 주먹보다 조금 더 큰 자갈돌을 거칠게 깨서 만든 이 찍개*는 투박하지만 꽤 위협적이다. 이 석기를 사용했던 인간들의 눈에 강가에 굴러다니는 주먹만 한 둥근 자갈은 전부 도구가 될 수 있는 재료로 보였을 것이다. 언제든 적당한 돌을 골라서 두드려

(윗면)

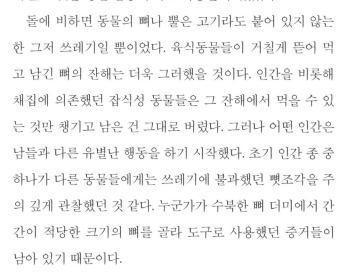

(앞면)　　　　(옆면)

깨면, 그것을 생산 활동에 바로 사용할 수 있었다.

돌에 비하면 동물의 뼈나 뿔은 고기라도 붙어 있지 않는 한 그저 쓰레기일 뿐이었다. 육식동물들이 거칠게 뜯어 먹고 남긴 뼈의 잔해는 더욱 그러했을 것이다. 인간을 비롯해 채집에 의존했던 잡식성 동물들은 그 잔해에서 먹을 수 있는 것만 챙기고 남은 건 그대로 버렸다. 그러나 어떤 인간은 남들과 다른 유별난 행동을 하기 시작했다. 초기 인간 종 중 하나가 다른 동물들에게는 쓰레기에 불과했던 뼛조각을 주의 깊게 관찰했던 것 같다. 누군가가 수북한 뼈 더미에서 간간이 적당한 크기의 뼈를 골라 도구로 사용했던 증거들이 남아 있기 때문이다.

유기물인 뼈는 무기물인 돌보다 훨씬 빨리 썩어 없어진다. 인류는 돌보다 뼈를 먼저 도구로 사용했지만 그 증거가

케냐 투르카나 로메퀴 유적에서 발견한 330만 년 전의 찍개. 길이 18.4센티미터.

*

Chopper. 돌 도구의 가장 초기 기종 가운데 하나로, 주먹 크기의 자갈돌 한쪽 가장자리를 돌망치로 수차례 내려쳐서 울퉁불퉁하고 거친 날을 만들었다.

모두 썩어버렸기 때문에 진실이 무엇인지 알 수 없는 것 아니냐고 주장할 수도 있다. 하지만 현재까지 고고학적 발견의 결과로 볼 때 그랬을 가능성은 희박하다. 이제까지 알려진 뼈 도구의 가장 이른 제작 연대가 약 180만~100만 년 전 무렵인데, 같은 시기의 돌 도구에 비하면 가공 수준이 매우 조악하다.

초기 인류의 요람으로 일컬어지는 남아프리카공화국의 스와르트크란스와 스테르크폰타인, 드리몰렌 등의 유적 밀집지에서 초기 뼈 도구의 모습을 엿볼 수 있다. 스와르트크란스는 표범에게 사냥당한 파란트로푸스 로부스투스의 머리뼈가 발견되어 유명해진 유적이다. 이곳에 있는 동굴에서 다량의 동물 뼈가 발굴되었는데, 그중 일부에 도구로 사용한 흔적이 남아 있었다. 발굴 이후 몇 차례 정밀한 분석을 진행해서 약 20여 점의 뼈 도구를 선별했다. 대개 다른 부위의 뼈보다 길고 곧으며 좀 더 단단한 포유류의 팔다리뼈 중에서 길이가 13~19센티미터 정도 되는 것들을 도구로 사용했음을 알게 됐다. 특정 부위의 뼈를 선호하였다는 것은 그 부위가 가진 특성에 주목하여 도구로 선택했다는 의미로, 이

남아프리카공화국 드리몰렌 유적에서 발견한 초기 뼈 도구. 오른쪽 위, 길이 6.2센티미터.

미 300만 년 전부터 석기를 제작하며 쌓아온 지적 성취의
연장선으로 볼 수 있다.

재료에 따른 기능의 분배

초기 뼈 도구의 특징은 인위적인 가공 없이 사용하였다는
점이다. 그들은 오래된 뼈 더미에서 적당한 길이의 뼛조각
을 선별해 그대로 사용했다. 신선한 상태의 뼈보다는 어느
정도 시간이 흘러 풍화된 뼈를 도구로 선호했다. 일정 기간
비와 바람에 노출되어 표면이 매끄럽게 마모된 뼈, 혹은 일
부가 부러져서 손에 쥐고 사용하기에 적당한 크기의 뼈를
골랐다. 게다가 이는 단 한 번만 사용하고 버리는 일회용 도
구가 아니었다. 제법 오랫동안 사용한 결과 한쪽 끝이 둥글
게 마모되는 등, 뼈 도구에는 사용흔이 뚜렷하게 남아 있다.
닳은 부분의 사용흔 분석과 사용 실험 결과, 이 도구로 흰개
미 집을 파내거나 나무껍질을 벗기는 작업을 했음을 알게
됐다. 흰개미는 자신의 배설물을 고운 흙이나 나무 가루와
섞어서 집을 짓는다. 이 때문에 뼈 도구의 사용 부위가 아주
매끄럽게 닳는다. 만약 뼈 도구로 단단한 땅을 팠다면 흙에
포함된 모래 알갱이들 때문에 도구 표면에 거친 상처가 생
겼을 것이다.

　스와르트크란스 등지에서 뼈 도구를 사용했던 사람들은

파란트로푸스로 추정된다. 이들의 뼈를 동위원소 분석한 결과 초식을 기반으로 하는 동물이나 흰개미에게서 섭취할 수 있는 식이 탄소가 확인되었다. 그들은 순수한 채식주의자가 아니었다는 뜻이다. 뼈 도구 분석에서 출발해 이렇게 초기 인류의 식성까지 확인할 수 있었다.

또 하나의 중요한 초기 뼈 도구 유적은 이탈리아에서 조사되었다. 이전까지의 뼈 도구들은 대부분 인위적으로 가공하지 않은 상태였다. 코끼리 뼈를 가공해 주먹도끼를 모방한 뼈 도구가 탄자니아의 올두바이협곡 유적, 에티오피아의 콘소 유적 등지에서 보고되긴 했지만, 형태나 기술면에서 계통이 불분명하거나 겨우 한두 점에 불과했다. 그런데 지중해와 인접한 이탈리아 카스텔디귀도 유적에서는 분명한 목적을 갖고 가공한 뼈 도구가 한꺼번에 다량 출토되었다. 이 유적의 뼈 도구 역시 코끼리 뼈로 만들었다. 코끼리와 같이 온순한 대형 초식동물 사냥은 에너지 소모도 적고 위험하지도 않다. 그렇기 때문에 사냥에 눈을 뜨기 시작한 호모 에렉투스에게 코끼리는 자연이 내려준 축복이나 다름없었다. 실험적 연구에 의하면 20명 내외로 구성된 구석기시대의 한 집단이 코끼리 성체 한 마리를 사냥했을 경우, 거의 20일 가까이 충분한 양의 단백질과 지방을 섭취할 수 있었다. 코끼리와 매머드가 초기 인간의 진화 과정에 얼마나 큰 기여를 했는지 짐작할 수 있다.

카스텔디뀌도 유적은 인간이 약 40만 년 전에 생활한 흔적이 남아 있는 야외 유적이다. 발굴 당시에 수습한 뼈 도구를 최근 다시 비판적으로 분석하여 모두 98점을 선별했다. 이전의 어떤 유적보다도 많은 양의 뼈 도구가 나왔을 뿐 아니라, 도구의 크기와 제작기술 또한 월등한 수준이었다. 그중 몇 점은 완벽한 주먹도끼의 모습을 하고 있어서 놀라움마저 안긴다. 코끼리 뼈는 다른 동물의 뼈보다 크고 두껍다. 따라서 신선한 골수를 먹기 위해 뼈를 부수는 과정이 마치 단단한 돌을 깨는 것처럼 어려웠을 테다. 이 크기와 굳기 때문에 뼈로 주먹도끼를 만들 생각까지 한 것이리라. 10여 점의 뼈 주먹도끼는 대체로 길이 10센티미터 이상이며, 큰 것은 20센티미터를 넘기도 한다. 한눈에 봐서는 돌로 만든 주먹도끼와 구분하기 어려울 정도다. 주먹도끼 이외에 대형 칼과 찌르개, 긁개 등도 있어서 뼈 도구만으로도 도구 상자 한 세트를 구성할 수 있다.

왜 이 지역에서 뼈 도구가 많이 발견된 걸까? 그 이유를 근처에 석재가 충분치 않다는 점에서 찾는 시각이 있다. 실제로 인근에서 발견된 돌 주먹도끼들은 길이가 10센티미터를 넘지 않는 소형이다. 그렇지만 찍고 자르고 베어

이탈리아 카스텔디뀌도 유적의 코끼리 뼈 주먹도끼. 길이 22.5센티미터.

내는 거친 기능을 뼈 도구만으로 잘 수행할 수 있었을지 의문이다. 이 유적의 뼈 주먹도끼는 석재가 부족한 환경임에도 많은 양의 코끼리를 도살해야 했으므로 일시적으로 다량 제작된 것일 수 있다. 만일 뼈 도구로 석재가 부족한 환경을 충분히 극복할 수 있었다면 이후 뼈 도구의 제작이 종종 돌 도구를 대체하는 방식으로 발전했어야 하기 때문이다. 하지만 뼈 도구는 돌 도구와 다른 방식으로 발전했다. 인간은 오랫동안 뼈를 도구로 사용하면서 그 특성을 깊이 이해하고, 뼈의 형태와 물성에 어울리는, 그래서 돌 도구로는 구현해내기 어려운 뼈 도구만의 세계를 조금씩 찾아나갔다.

영원한 건 절대 없어

뼈로 만든 도구 ②

자연환경에 적응하는 도구의 성능

초기의 뼈 도구들은 그보다 100만 년 이상 먼저 사용하기 시작한 돌 도구에 비하면 조악하거나 그 아류에 불과했다. 종류도 한정적이었을 뿐만 아니라, 인간이 아직 물성이 다른 재료들을 서로 다른 용도와 방식으로 활용하는 단계까지 이르지 못했기 때문이다. 뼈 도구의 진면목을 발견한 종은 호모 사피엔스다. 호모 사피엔스들은 이전의 다른 인류 종과 뚜렷하게 구분되는 기술적 혁신을 이루어냈는데, 뼈 도구 또한 이들을 통해 한 차원 높은 수준으로 발전했다. 기술 발전 과정에서 뼈 고유의 특성을 최대한 끌어내고 그것을 적절한 용도로 활용했다.

일반적으로 뼈는 돌보다 무르며 가공하기 쉽다. 가공의 측면만 보았을 때는 나무가 가장 우수한 재료이지만, 나무는 뼈보다도 강도와 탄성이 부족하다. 반면 돌은 가장 단단한 만큼 가공이 까다롭다. 구석기시대 도구 제작에 일반적으로 사용했던 이 세 가지 재료들 가운데 뼈는 가공이 쉽고 적당히 단단한, 그래서 어쩌면 애매할 수도 있는 중간적 특성을 가지고 있다. 그런데 호모 사피엔스는 이 애매함을 장점으로 활용했다. 핵심은 가늘고 긴 형태로 만드는 것이었다. 갈아서 가공하는 기술이 본격화되지 않은 시기였으므로 초기의 호모 사피엔스는 뼈를 반복적으로 긁어서 가늘게 만들었다. 이때 뼈를 긁어내기 위해 날카로운 석기를 사용했다는 사실을 표면에 남아 있는 긁힌 자국을 통해 확인할 수 있다.

'긁어서 가늘고 길게 만드는 기술'의 기원은 독일 쇠닝엔 유적에서 발견된 30만 년 전의 나무 창을 통해 알려졌다. 껍질을 벗긴 가문비나무의 양 끝을 뾰족하게 깎아서 창을 만들었다.* 가늘고 길게 깎아 만든 뼈 도구 중 수량이 가장 많은 것은 송곳류다. 돌을 깨뜨려 뾰족한 송곳을 만드는 과정은 기술적으로도 어렵고, 설사 도구를 완성하더라도 성능이 우수하지 않다. 돌 대신 나무로도 대체해보았을 테지만, 그건 내구성이 약해서 일회용에 불과했을 것이다. 반면 팔다리 부위와 같이 치밀하고 단단한 뼈로 만든 송곳은 성능이 우수할 뿐 아니라 내구성 또한 뛰어나다. 이와 같은 뼈 송곳의 유용성을 입증하듯 호모 사피엔스의 초기 뼈 도구 중에는 송곳이 압도적으로 많다.

송곳 제작기술의 발전을 확인할 수 있는 대표적인 유적

*
이 이야기는 김상태,
「새로운 왕의
등극: 사냥감에서
사냥꾼으로」, 『단단한
고고학』, 92~97쪽을
참조하라.

이 남아프리카공화국의 블롬보스동굴 유적이다. 이 동굴은 호모 사피엔스의 지적 성장 과정의 특이점을 거론할 때 빠지지 않고 등장한다. 뼈 도구 분야에서도 마찬가지로, 이 유적에서는 약 8만 년 전에 만든 뼈송곳 25점이 출토되었다. 송곳 표면에는 셀 수 없이 많은 가는 선들이 남아 있어서, 날카로운 석기로 정교하게 긁어내는 방식으로 제작되었음을 보여준다. 뼈송곳의 일반적인 용도는 가죽에 구멍을 뚫는 것이다. 가죽 조각을 이어 붙여서 옷도 만들고 신발도 만들려면 일찍부터 구멍 뚫는 작업이 필요했을 것이다.

남아프리카공화국
블롬보스동굴의
뼈송곳. 왼쪽 위, 길이
9.3센티미터.

더 작고, 더 강하고, 더 날카롭게

송곳과 함께 발견된 또 하나의 중요한 뼈 도구는 창이다. 창은 송곳과 전혀 다른 도구 같지만, 무엇인가를 뚫는 데 사용한다는 점에서는 동일한 용도다. 블롬보스 유적의 뼈 도구를 검토한 연구자들은 송곳과 창이 동일한 반제품*을 손질해서 만들었지만, 최종 완성 기법은 서로 달랐다고 설명한다. 블롬보스동굴 유적에서 나온 창은 모두 세 점인데, 완전

*
반半제품. 동일한 기초
원료를 가공한 중간
제품이다. 이후 여러
가지 완제품의 재료로
사용된다.

한 형태로 남은 것은 길이가 8센티미터에 폭이 1.5센티미터
다. 창의 표면에는 매끈한 광택이 남아 있다. 송곳에서는 볼
수 없었던 이 광택은 기능적 의미는 없으며, 창의 외관을 돋
보이게 하는 장식으로 해석하고 있다. 이 시기에 뼈로 만드
는 길고 가는 형태의 도구들을 위한 반제품이 존재했다는
점도 흥미롭지만, 창에 기능 향상이 아닌 다른 이유로 광택
을 추가했다는 점에도 주목해야 한다. 창은 식탁을 풍요롭
게 만들어줄 귀중한 도구였으므로 그 가치를 '광택'이라는
상징으로 표현한 것 같다.

한편 쇠닝엔에서 발견된 30만 년 전 나무 창은 창끝이 쉽
게 무뎌지는 치명적 단점이 있었다. 네안데르탈인들은 그
끝부분만 돌로 교체하여 성능을 개선했는데, 호모 사피엔스
들은 이 부분의 재료를 다시 뼈로 바꾸었다. 창은 모든 운동
에너지가 한 점(창끝)으로 수렴되는 대단히 위협적인 사냥
도구다. 따라서 창끝의 상태가 성능을 좌우한다. 사냥하는
동안 몇 번을 찔러도 창끝이 무뎌지지 않아야 한다. 적절한
탄성과 강도를 지닌 뼈로 만든 창은 당시로서는 최상의 성
능을 발휘하는 무기였을 것이다.

뼈 도구가 다시 큰 변화를 맞이하는 것은 약 6만 년 전 무
렵이다. 남아프리카공화국의 시부두동굴 유적에서 발견된
뼈창과 뼈송곳들 사이에는 크기가 작고 훨씬 가는 뼈들이
섞여 있었다. 길이는 5센티미터 남짓한데 지름은 0.5센티미

터에 불과해, 창과 확연히 구별됐다. 그리고 이 작은 뼈 도구들에도 세로 방향으로 긁어낸 선들이 무수히 남아 있어서 긁어내기 기술로 만든 것임을 알 수 있다. 기존의 출토 자료와 민족지 자료를 검토한 끝에 이 작고 뾰족한 뼈 도구는 화살촉으로 분류되었다. 시부두동굴 유적에서 영양을 비롯해 체중이 5킬로그램을 넘지 않는 소형동물의 화석이 다량 발견되어서 활 사냥 가설의 신빙성을 높였다. 비슷한 시기의 유적인 클라시스강동굴에서도 동일한 형태의 화살촉들이 발견됐다. 장차 더 검증이 필요하겠지만, 활은 구석기시대 말기에 출현했을 것이라는 설명이 6만 년 전부터 사용한 것으로 수정될 수도 있다.

초기의 뼈창(a)과 뼈화살촉(b,c,d). ⓐ블롬보스동굴, ⓑ피어스동굴, ⓒ시부두동굴, ⓓ클라시스강 동굴에서 발굴.

　시부두 화살촉은 1900년대 초기에 수집된 아프리카 남부의 산족(San peoples, 일명 '부시맨') 활 자료와 비교하면 크기가 큰 편이다. 산족에는 여러 집단이 있지만 그들이 사용하는 화살촉은 거의 표준화되었고, 크기별로 용도가 다르다. 크고 긴 것은 소형동물 사냥에 주로 쓰이는데, 화살대에 단단히 고정되어 타격력을 우선시한다. 반면 작고 가는 것은 대형동물 사냥에 주로 사용되며, 촉에 독을 발라서 사용한다. 독을 바른 화살이 목표물에 박히면 화살대는 떨어져

나가고 촉만 동물 몸에 남아 독이 작용하게끔 설계됐다. 여러 유적의 발굴 자료에서 화살촉의 변화 과정을 종합한 결과 사냥에서 독을 사용하는 기술은 상대적으로 더 나중에 등장했음이 확인됐다. 즉 화살촉을 사용하기 시작한 초기에는 대형동물 사냥에는 창을, 소형동물 사냥에는 활을 주로 사용했지만, 이후 독을 발견하게 되면서 사냥 전반으로 활 사용이 확대된 것이다.

시부두동굴의 화살촉은 비교적 초기에 사용한 큰 화살촉으로, 아직 독을 사용하기 전에 만든 것들이다. 독을 사용한 이후의 것으로 추정되는 화살촉은 이보다 2만 년이 더 지난 약 4만 년 전 무렵, 남아프리카공화국의 보더동굴에서 출토되었다. 이 유적에서는 화살촉을 화살대와 고정할 때 쓴 밀랍 덩이와 피마자 씨에서 추출한 독, 시부두 화살보다 훨씬 작은 크기의 화살촉 등이 함께 발견됐다. 이를 통해 최소 4만 년 전 무렵부터는 독화살 사냥이 본격화되었다고 추측할 수 있다.

첨단기술의 발전과 재래기술의 퇴화

뼈로 만든 송곳과 창은 돌 중심의 구석기시대 도구 상자에서 뼈 도구의 체면을 세워주었다. 그런데 그 생명력은 그리 길지 않았다. 신석기시대가 되자 송곳과 창을 만드는 재료가 다시 돌로 교체되었다. 입자가 곱고 적당히 단단한 석재를 갈아서 더 날카롭고 견고한 창과 화살촉을 만들 수 있게 되었기 때문이다. 하지만 그 과정에서조차도 뼈 도구의 역할이 매우 중요했다. 약 4만 년 전부터 인류는 뼈 도구 제작에 적용했던 마연기술을 점차 돌 도구 제작에도 적용하기 시작했다. 뼈를 반복해서 긁어내는 방식을 더 정교하고 복잡한 뼈 도구를 만들 수 있는 마연기술로 발전시켰다. 그리고 일부 돌 도구에도 이 기술을 적용한 것이다.

이전 시기에 뗀석기 제작에 사용하던 플린트나 흑요석, 규암 등은 깨뜨렸을 때 훨씬 날카롭고 유용한 날을 만들 수 있었다. 이후 사암이나 점판암처럼 마연 방식에 더 적합한 석재를 찾아낸 인류는 돌 도구 제작에도 이 기술을 접목했다. 갈아서 만드는 기술은 깨뜨리는 방법보다 형태를 가공하기가 쉽다. 또한 깨는 기술보다 제작 난도도 낮다. 뗀석기 시대에는 돌로 창과 화살촉을 만드는 데에 고난도의 기술이 요구되었던 반면, 간석기시대가 되자 누구나 활용할 수 있는 평범한 수준의 기술로도 그것이 가능해졌다. 이것이 마연기술이 신석기시대 이후 보편적인 돌 도구 제작 방식으로 확산된 배경이다.

돌 도구와 차별화를 시도한 결과물이었던 뼈송곳과 창·화살촉 등은 한때 찬란하게 발전했지만 이내 그 자리를 다시 돌 도구에게 반납했다. 그렇지만 이후에 나타나는 새로운 뼈 도구들은 돌 도구로는 대체할 수 없는 영역을 개척했다. 나아가 다른 모든 도구를 압도하며 인간의 세계관을 확장시키게 된다.

오래된 연장이 새 세상에
적응하는 방법

뼈로 만든 도구 ③

바늘구멍의 탄생

돌과는 다른 뼈의 성질을 잘 살린 송곳과 창, 화살촉 등으로 발전한 뼈 도구는 어느 순간부터인가 더욱 특별한 영역을 개척하기 시작했다. 약 4만 년 전에 등장한 새로운 종류의 뼈 도구들은 기능면에서 돌 도구들과 더욱 분리되었다. 첫 번째 신호탄을 쏜 것은 아주 작고 가느다란 뼈바늘이다. 약 8만 년 전부터 사용한 뼈송곳은 넓은 의미에서 바늘의 조상 격이라고 할 수 있지만, 바늘은 뼈송곳의 기능에서 가죽 등을 섬세하게 연결하는 기능만 분리해 그 효율을 더욱 극대화한 도구다.

바늘의 기능이 '가죽 등을 연결'하는 것이라고 했을 때, 가장 중요하게 쓰이는 곳은 의복이었다. 현재 인간은 지구 전체에 걸쳐 살고 있지만 원래는 열대 적응종이었고, 인간의 신체는 땀을 배출하며 일정하게 체온을 유지하도록 진화했다. 신체는 옷을 입지 않은 상태에서 영상 27도부터 추

Pleistocene. 지질
연대 구분에서 신생대
제4기의 첫 번째
시기로, 6500만 년
전부터 230만 년
전까지에 해당한다.
갱신세 후반부에
인류가 발생하고
진화했다.

위에 반응한다. 기온이 그보다 내려가고 바람까지 더해진다면 서서히 저체온증이 나타난다. 진화 과정에서 보온 기능을 담당했던 털이 대부분 퇴화되었기 때문이다. 따라서 아프리카 적도 이외의 지역에서 갱신세* 동안 여러 차례 반복된 빙하기를 버티고 살아남은 인간들은 어떤 형태로든 옷을 지어 입었을 것이다.

인간의 의복 착용은 오스트랄로피테쿠스 시기에 시작되어서 호모 에렉투스 단계에서 본격화됐다. 고고학 자료는 아직 발견되지 않았지만, 북위 39도인 중국 베이징까지 진출한 호모 에렉투스들이 맨몸으로 생활했다고는 상상하기 어렵다. 다만 도구의 수준으로 짐작건대 그들의 옷은 몸에 두르는 망토 형태에 가까웠을 것이다. 이후 네안데르탈인은 옷의 내한성을 강화한 결과 북위 51도인 러시아의 데니소바동굴까지 진출할 수 있었다. 이들이 사용한 도구 중에서 밀개와 송곳을 의복 제작과 관련된 것으로 추정하고 있다. 밀개를 사용하여 동물 가죽의 기름을 제거하고 무두질한 후 송곳과 가죽끈으로 적절히 연결해서 옷을 만들었을 것이다.

데니소바동굴은 네안데르탈인들에 이어 호모 사피엔스들도 거주했던 곳이다. 이 동굴에서 생활한 호모 사피엔스들은 뼈송곳의 성능을 개량했다. 몸체를 더 가늘게 깎고 약간 두툼한 뒷부분에 실을 꿸 수 있는 구멍 하나를 추가한 것이다. 그 결과 가죽에 '구멍 뚫기' 공정과 '끈 끼우기' 공정을 한 번에 할 수 있게 됐다. 우리가 '바늘'이라고 부르는 도구가 인류 역사에 등장한 순간이다. 뼈에 구멍을 뚫는 기술은 이미 10만 년 전부터 조가비 장신구 제작에 사용했던 익숙한 기술이다. 하지만 송곳 뒷부분에 구멍 하나를 추가하면서 의복을 비롯한 생활 전반에서 대단히 큰 변화가 시작되었다. 실을 장착할 수 있는 구멍이 있는 뼈바늘은 대체로 5만~4만 년 전쯤에 발명되었고, 현재 자료들 중에서 데니소바동굴의 뼈바늘이 가장 초기의 것에 속한다. 이른 시기의 뼈바늘들은 시베리아 북부와 같이 추운 지역에서 발견됐다. 추운 지역일수록 바늘 출토량이 많다는 것은 그만큼 바늘이 의복과 밀접한 도구라는 의미로 해석된다.

혹한의 생존 도구, 바늘

인간이 의복을 '일상적'으로 착용하기 시작한 시기는 대략 언제일까. 우리는 머리카락에 기생하는 머릿니pediculus humanus capitis와 옷에 알을 낳고 번식하는 몸니pediculus humanus corporis의 DNA가 분화된 시기를 통해서 인류의 의복 착용 시기를 짐작할 수 있다. 일상적으로 옷을 입기 시작하면서 머릿니의 일부가 옷에 기생하는 몸니로 진화했다는 가설을 적용한다면, 그 시기는 대략 10만~8만 년 전이다. 그리고

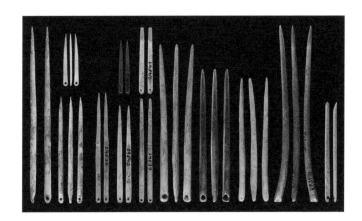

아시아와 유럽
각지에서 출토된
뼈바늘. 가장
왼쪽 바늘의 길이
10.2센티미터.

이 무렵부터 뼈송곳을 일상적으로 사용하기 시작했다. 뼈송
곳의 주된 목적 역시 일상화된 의복 제작이었다고 볼 수 있
다. 그런데 송곳과 바늘의 쓰임에는 어느 정도의 차이가 있
을까? 뼈송곳은 네안데르탈인들도 사용한 도구이고, 송곳
만으로도 기본적인 옷 제작이 가능하다. 네안데르탈인이 호
모 에렉투스보다 더 추운 지역까지 영역을 확장할 수 있었
던 것도 뼈송곳을 사용하여 옷을 보다 정교하게 만들었기
때문이다. 하지만 호모 사피엔스들이 고안한 뼈바늘은 한
단계 더 발전한 도구다.

   발굴된 뼈바늘은 길이가 채 3센티미터가 되지 않는 가늘
고 작은 것들부터 8센티미터가 넘는 굵고 큰 것들까지 크기
가 다양하다. 바늘 크기에 따라 바늘구멍의 크기도 달라진
다. 따라서 뼈바늘은 가는 실로 촘촘하게 꿰매는 정교한 작

업부터 굵은 가죽끈으로 가죽 천막을 듬성듬성 꿰매는 거친 작업까지 다양한 작업에 사용되었을 것이다. 그 대상이 무엇이든, 바느질의 꼼꼼함 정도가 냉기 차단과 체온 보호에 영향을 미친다. 즉 바늘은 인간이 혹한의 기후에 정면 대응할 수 있게 도와주는 중요한 도구였다.

의복의 발전이라는 측면에서 바늘의 역할은 옷 '겹쳐 입기'와 관련 있다. 네안데르탈인들도 차가운 바람이 옷 안으로 들어오지 않도록 소매와 바지 등을 꼼꼼히 재단하고 송곳으로 뚫은 구멍에 가죽끈을 꿰어 단단히 연결했을 것이다. 하지만 그들이 사용한 도구의 정밀도로 추측건대 네안데르탈인의 의복은 두꺼운 가죽을 홑겹으로 입는 방식이었을 것이다. 또한 투박한 송곳 구멍에 가죽끈을 꿰는 방식으로는 맞춤형 장갑이나 신발, 모자 등을 제작하기 어려웠을 것이다. 손가락장갑과 엄지장갑의 정교함 및 편의성을 비교하면 쉽게 이해할 수 있다.

가느다란 바늘은 송곳보다 훨씬 작은 구멍을 통과할 수 있고, 가죽을 더 촘촘하고 정교하게 연결할 수도 있다. 심지어 몸의 굴곡에 맞춘 얇은 가죽옷도 만들 수 있다. 이렇게 만든 옷은 여러 겹 겹쳐 입기에 좋다. 현재 북극권 일대에 거주하는 사람들도 방한을 위해서 두께가 다른 네 겹의 옷을 껴입는다고 한다. 이러한 의복 수준의 차이로 인해 마지막 빙하기의 가장 추웠던 시기에 네안데르탈인들은 멸종했

지만, 호모 사피엔스는 오히려 더 추운 베링해협을 지나 아
메리카 대륙으로 뻗어갈 수 있었다.

차이와 차별의 기원에도 바늘이 있었다

또 한 가지, 뼈바늘은 호모 사피엔스들이 고안한 상징문화
의 조력자 역할을 했다. 의복은 추위를 이기는 단순한 기능
으로 탄생했지만, 점차 장식이 더해지면서 거기에 복잡한
사회적 의미가 추가되었다. 열대기후에서 시작된 피부 장식
이 의복의 일상화 이후 의복 장식으로 전이되었다는 가설
은 이에 무게를 더한다. 전근대까지도 집단 간이나 집단 내
신분의 차이를 의복으로 표현하는 방식이 일반적이었는데,
그 기원이 구석기시대였다. 의복의 사회화를 극단적으로 보
여주는 사례 중 하나가 약 3만 년 전에 조성된 러시아의 숭
기르무덤이다. 총 일곱 기의 무덤 가운데 세 기에서 극도로
화려한 상아 구슬 장식이 발견됐다. 40대 전후의 남성 무덤
에서 약 3000개, 10대 초반인 두 어린이의 무덤에서 각각
5000, 5400여 개의 구슬이 수습되었다. 상아에 구멍을 뚫어
서 꿴 구슬은 패턴을 이루며 옷에 촘촘하게 고정되어 있었
다. 구슬을 빼곡하게 장식할 때 사용한 도구는 당연히 바늘
이다. 화려한 치장 덕분에 숭기르 1호 무덤의 주인에게 '추
장'이라는 별명이 붙었다. 하지만 나머지 네 기에서 나온 부

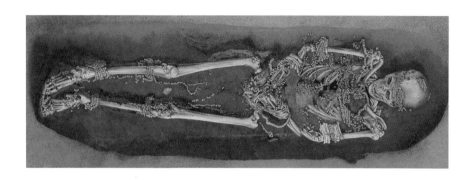

장품은 매우 허술하거나 심지어 아주 무성의했다. 숭기르 무덤군의 부장품 차이에 반영된 당대의 맥락에 대해서는 더 많은 연구가 필요하지만, 복잡해진 장례 의식과 같은 사회적 행동이 반영된 결과임은 확실하다.

러시아 숭기르 1호 무덤의 구슬 장식.

　뼈바늘은 호모 사피엔스의 적응과 확산을 돕고, 상징을 통한 사회적 소통을 뒷받침하는 중요한 역할을 담당했다. 뼈로 만든 바늘은 그 재료가 철로 대체되기 전까지 4만 년이 넘도록 제 역할을 다했다. 한편 앞에서 상징이나 음악의 기원을 설명할 때 등장했던 다양한 뼈 도구들 역시 뼈바늘 이후 출현한 것들이다. 조가비와 상아로 만든 장신구들, 독수리의 날개뼈로 만든 피리, 상아를 깎아 만든 사자인간과 비너스 조각, 동물 모양 조각, 기호가 새겨진 뼛조각들과 알껍데기 등은 대부분 일상이 아니라 정신적 영역에서 활용되었다. 크게 돌과 뼈로 구분되는 초기 도구의 재료는 그 특성에 따라 각자의 방향으로 발전해나갔다. 돌 도구들은 이

후 청동이나 철과 같이 더 단단하고 실용적인 재료들로 대
체되면서 물질문명의 성장을 뒷받침했다. 이에 비해 뼈 도
구들은 재료가 거의 바뀌지 않은 채로 오랫동안 인류의 정
신문화 성장에 기여했다.

살아남은 인간의 말을
전부 믿을 수 없는 이유

네안데르탈인과 사피엔스의 도구 ①

그들의 존재가 궁금한 이유

네안데르탈인은 가장 먼저 발견된 고인류다. 이들이 처음 발견된 1856년은 찰스 다윈이 『종의 기원』*을 출간하기 전이다. 가장 최근까지 호모 사피엔스와 함께 살았고, 현대인류에게 그들의 DNA가 남아 있다. 이토록 우리와 가까운 종이기에 이들을 가리켜 '멸종했지만 사라지지 않은 존재'라고 부른다.

네안데르탈인은 호모 사피엔스보다 먼저 출현했으며, 유럽과 아시아 일부 지역에서만 거주했다. 이들은 뛰어난 사냥꾼들로 거의 맹수와 같은 수준으로 육식 비중이 높았다. 그에 비해 호모 사피엔스는 아프리카에서 출현해 지구상의 모든 대륙으로 퍼져나갔다. 네안데르탈인에 비해 채식 비중이 현저히 높고, 해양생물을 통해 상당량의 단백질을 섭취하기도 했다. 전체적인 체형은 네안데르탈인이 키는 작지만 몸은 다부진 단거리 육상 선수와 비슷했다면, 호모 사피엔

On the Origin of Species. 찰스 다윈이 1859년에 저술한 책으로, 근대 학문으로서 진화생물학의 체계를 세웠다. 변이와 자연선택에 의해 모든 생명체가 진화한다는 내용을 담고 있다.

스는 키가 크고 몸은 호리호리한 장거리 육상 선수에 비유할 수 있다. 뇌 용량은 네안데르탈인이 조금 더 컸다. 구조적으로는 네안데르탈인은 소뇌와 후두엽이 발달했고, 호모 사피엔스는 전두엽과 측두엽이 더 발달했다. 이 차이 때문에 뇌 기능과 능력도 달랐을 것이라고 추정하고 있다. 참고로 약간의 뇌 크기 차이는 인지능력에 큰 영향을 미치지 않는다. 예컨대 현대인도 여성의 뇌가 남성보다 평균 10퍼센트가량 작지만 성별에 따라 인지능력이 다르다고 해석하지 않는다.

우리는 유독 네안데르탈인에게 관심이 많다. 가장 최근까지 사피엔스와 공존한 호모 종이기 때문이다. 호모 사피엔스와 함께 살면서 사랑도 하고 같이 아이도 낳았던 종인데, 어느 날 갑자기 지구상에서 흔적을 감추었으니 궁금한 것이 당연하다. 그런데 관심의 방향은 주로 '그들은 우리와 어떻게 다른가'에만 집중되었다. 그 결과 네안데르탈인의 열등한 측면을 부각하는 결론이 만연했다. 우리는 생존했고 그들은 멸종했으므로 우리가 우월하다고 하는 편이 듣기에 좋고 일견 합리적이기도 해서 한동안 지지를 받았다. 하지만 초기 호모 사피엔스와 네안데르탈인에 대한 비교 연구를 진행하면 할수록 둘은 차이보다 비슷한 부분이 더 많았다는 사실을 알 수 있다.

나의 혈관을 흐르는 너의 DNA

두 종 모두 호모 에렉투스가 조상이다. 성장 주기와 수명도 서로 비슷했다. 행동 능력을 놓고도 우열을 가리기 어렵다. 사냥했던 동물도 별반 다르지 않았으며, 도구세트를 비교해 볼 때 사냥기술 역시 거의 동일했다. 하지만 시간이 갈수록 두 집단의 차이가 커지더니 결국 네안데르탈인은 멸종하고 사피엔스만 남았다. 즉 기존의 학설처럼 호모 사피엔스가 처음부터 월등히 우수한 종이었고, 두 집단이 만나기 시작하면서부터 호모 사피엔스가 네안데르탈인을 압도하여 멸종의 길로 내몬 것은 아니다. 그럼에도 불구하고 멸종되었다는 사실 때문에 네안데르탈인을 열등하게 바라보는 시선은 쉽게 거두어지지 않고 있다.

네안데르탈인에 대한 관점은 2006년에 시작한 네안데르탈인 게놈프로젝트genome project가 조금씩 성과를 내면서 전환점을 맞이했다. 네안데르탈인 DNA 염기서열을 모두 해독한 결과 현대인과 99.7퍼센트 일치하며, 현대인의 유전자 정보 속에 최소 1퍼센트에서 최대 4퍼센트의 네안데르탈인 유전자가 남아 있음을 알게 됐다. 네안데르탈인의 유전자는 현대인의 면역체계와 일부 생물학적 기능에 긍정적인 영향과 부정적인 영향을 모두 남겼다. 예컨대 호모 사피엔스가 아프리카를 떠나 세계 여러 지역에 적응하는 과정에서 면역력이나 피부 적응력 등에 긍정적 도움을 받았다. 하지만

재현한 르발루아
몸돌과 격지(위),
돌날몸돌과
돌날(아래).
르발루아몸돌의 길이
9센티미터.

Levallois Techique.
약 30만 년 전에
네안데르탈인이
발전시킨 석기
제작기술. 몸돌에
특별한 준비 과정을
거침으로써 미리
계획한 형태의 석기,
특별히 창끝과 같이
완성된 석기를 얻어낼
수 있다. 몸돌의
사전 가공 과정이
석기 등 면에 거북의
등과 유사한 패턴을
남기므로, 이를 통해
르발루아기술로 만든
석기를 구별할 수 있다.

동시에 중독이나 자폐증, 크론병, 제2형 당뇨 등에 취약해 진 것은 네안데르탈인 유전자가 남긴 부정적 측면이다.

도구와 기술면에서는 어땠을까? 네안데르탈인의 르발루아기술*과 호모 사피엔스의 돌날기술을 실험고고학을 통해 비교한 자료를 보면 돌날기술이 월등하게 우수했다는 고전적 관점을 의심하게 된다. 동일한 제작자가 제작 실험을 하고 그 과정과 결과물을 통계적 방법으로 처리했을 때, 두 기술의 장단점이 각각 달랐을 뿐 특별히 돌날기술을 더 향상된 기술로 봐야 할 증거를 찾지 못했다는 연구 결과도 있다. 기술적 측면에서는 돌날기술의 효율성이 더 높지만, 이 또한 석재 소모량이나 제작 난이도 같은 생산비용을 고려하면 오히려 불리할 수도 있다. 다만 제반 조건을 모두 충족했을 경우에는 돌날기술을 사용해서 기능이 우수한 결과물을 더 많이 생산할 수 있다.

필요를 넘어 부가가치로 진화하다

두 집단의 초기 접촉 지역인 유럽 남부와 지중해 동부 지역의 호모 사피엔스 유적에는 네안데르탈인의 석기가 섞여 있다. 두 종의 접촉 과정에서 호모 사피엔스가 네안데르탈인의 기술을 수용한 것일 수도 있고, 한 공동체 안에 섞여 살면서 함께 도구를 만든 결과일 수도 있다. 물론 해당 유적에서는 호모 사피엔스의 화석만 발견되었으므로 전자일 가능성이 높다. 그런데 특이하게도 네안데르탈인의 멸종과 함께 르발루아기술까지 사라져버렸다. 호모 사피엔스들이 자신들의 기술이 더 유용하다고 판단했기 때문일까.

돌날기술과 르발루아기술의 차이는 1차 생산 단계에서는 잘 드러나지 않는다. 하지만 1차 결과물인 르발루아 격지와 돌날의 활용 단계를 고려한다면 돌날기술의 장점을 보다 선명하게 파악할 수 있다. 돌날은 르발루아 찌르개처럼 그 자체를 완전한 도구로 사용할 수 있고, 간단한 2차 가공을 거쳐 손쉽게 다른 도구로 바꿀 수도 있다. 또 슴베를 만들어 손잡이를 장착하는 과정 또한 훨씬 빠르고 간편하다. 돌날은 형태가 거의 표준화됐기 때문이다. 중석기시대*에 삼각형 혹은 반달모양으로 가공된 돌날 조각을 나무나 뼈에 촘촘하게 끼워 다양한 도구로 재탄생시키는 과정은 돌날기술의 폭넓은 활용성을 잘 보여준다. 즉 르발루아기술이 한 번에 한 종류의 도구를 여러 개씩 생산하는 기술이었

*
Mesolithic Age.
20세기 초에
제시된 개념으로,
구석기시대와
신석기시대 사이의
문화적 연속성을
강조하기 위해
제안되었다. 유럽
일부와 중동
지역에서만 확인된다.
1만 5000~1만 년
사이에 해당하며,
지역에 따라 시기
편차가 크다.

좀돌날을 끼워 만든
창(복제품).

다면, 돌날기술은 다른 종류의 도구 제작을 위한 반제품 생
산까지 가능했던 일석이조의 기술이다.

구석기시대의 최종 단계에 등장한 좀돌날microblade기술
은 돌날기술에서 한 단계 더 진전한 방식이다. 현대의 도구
와 비교한다면 커터칼의 칼날만 대량 생산하는 기술이라고
할 수 있다. 하나의 몸돌에서 다량의 작은 돌날을 떼어낸 뒤
나무나 뼈에 가지런히 끼워서 강력한 도구를 만들었다. 이
렇게 해서 만든 창은 날만 교체하면 상당히 오랫동안 사용
할 수 있는, 현대 커터칼의 조상이다. 이제 사피엔스의 지적
능력이 한 가지 기술로 하나의 도구를 만드는 수준을 넘어
섰음을 알 수 있다.

호모 사피엔스 도구의 차별점으로 소형화 경향도 있다.
다른 영장류 중에도 인간처럼 도구를 사용하는 종이 있지
만 있지만 아직 소형화 단계로 접어든 사례는 없다. 즉 소형
화 경향은 자연계에서 인간만의 특징이라고 할 수 있다. 도
구의 소형화는 도구의 정교화를 뜻한다. 구석기시대 도구의
전체 역사를 놓고 볼 때 소형화는 가장 두드러진 추세였고

강력한 흐름이었다. 호모 사피엔스의 도구는 그 흐름의 정점에 있었다. 당시 첨단 사냥 도구였던 창을 대표적인 예로 들 수 있다. 네안데르탈인의 창은 그 크기를 보았을 때 사냥감을 가까이에서 찌르는 용도에 보다 가깝다. 반면 호모 사피엔스의 창은 가늘고 날렵해서 먼 거리에서 던지는 창으로 분류할 수 있다. 심지어 사피엔스는 창을 더 멀리서 더 강하게 던지기 위해 별도의 도구인 창던지개*를 창안하기도 했다. 거기서 멈추지 않고 창을 아주 소형화하여 눈에 보이지 않는 속도로 날려 보내는 강력한 무기로 개량했다. 바로 활이다. 엄청나게 빠른 속도를 의미하는 '쏜살같다'라는 표현을 지금까지도 사용하고 있으니, 더 이상의 설명은 사족일 뿐이다. 이처럼 사냥감을 압도하는 도구의 개량 과정은 사냥의 안전을 획기적으로 보장하는 한편 더 많은 식량을 확보할 수 있게 해주었을 것이다. 호모 사피엔스는 발달된 도구체계 덕분에 집단을 안정적으로 유지하고 지속적으로 성장시킬 수 있었다

도구의 발달과 더불어 석재를 활용하는 능력의 발전도 유의미한 차이가 있다. 네안데르탈인과 호모 사피엔스는 기본적으로 동일한 석재를 사용했다. 그중 흑요석은 궁극의 뗀석기 재료로 알려져 있다. 호모 사피엔스들이 좀 더 발달된 기술로 흑요석을 활용하긴 했지만, 네안데르탈인도 일찍부터 흑요석으로 도구를 만들었다. 다만 두 집단의 석재 운

*
Spear-thrower. 나무나 뼈를 이용해 창을 더 강하게 날려보내는 도구. 손으로 잡는 반대쪽 끝이 튀어나와 있으며, 여기에 창을 걸어 던지면 팔의 운동에너지를 두세 배 이상 강하게 만들어준다. 보통 시속 100킬로미터 이상의 빠른 속도로 창을 날릴 수 있다.

반 거리에 주목해야 한다. 흑요석은 자유자재로 그 형태를 가공할 수 있으며, 스치기만 해도 살점이 떨어질 정도로 위력적인 석재다. 하지만 화산지대에서만 구할 수 있다는 단점이 있다. 흑요석 원산지 분석 결과에 의하면, 유럽에서 네안데르탈인의 흑요석 운반 혹은 교역 거리는 최대 300킬로미터 내외였다. 이에 비해 호모 사피엔스는 400킬로미터가 넘었으며, 동아시아에서는 최장 1000킬로미터에 이르렀다. '1000'은 단순히 더 먼 거리라는 의미를 넘어서, 더 좋은 재료를 확보하려 애쓴 호모 사피엔스의 열망을 담고 있는 숫자다.

의지와 능력의 차이가 아닌 기억의 차이

네안데르탈인과 사피엔스의 도구 ②

상상의 차이가 생존을 결정한다

구석기시대의 돌 도구를 비교해봐도 그것을 만든 집단의 서로 다른 특성이 선명하게 드러나지는 않는다. 아무래도 일상에서 사용하는 가장 기본적인 도구였기 때문이다. 따라서 차이를 발견하기 위해서는 돌 도구 이외의 부분으로 시선을 돌려야 한다. 뼈 도구는 돌 도구 역사에 비하면 비교적 최근에 등장했다. 네안데르탈인의 뼈 도구는 러시아의 차기르스카야동굴을 시작으로 시베리아와 알타이 지역의 여러 유적에서, 그리고 최근에는 서유럽의 유적에서도 발굴됐다.

현재까지 출토된 네안데르탈인의 뼈 도구는 형태와 구성이 단순해서, 돌 도구의 보조 역할에 머물렀던 것으로 추정된다. 이들은 주로 길고 뾰족한 형태의 도구가 필요할 때 뼈를 사용했다. 반면 호모 사피엔스들은 일상적인 용도의 뼈 도구만이 아니라 새 날개뼈를 가공한 피리나 상아를 가공한 비너스 등도 만들었다. 독일 홀레슈타인동굴에서 발견한 길이 31.1센티미터의 상아 조각상은 약 4만~3만 5000년 전에 만들어진 것이다. 얼굴은 사자, 몸은 인간의 모습을 한 이 조각상은 '사자인간lion man'이라 불리는 현존하는 가장 오래된 호모 사피엔스의 예술품이다. 이 조각상을 만들었을 무렵에 호모 사피엔스는 네안데르탈인과 공존했다.

독일
홀레슈타인동굴의
사자인간. 길이
31.1센티미터.

호모 사피엔스의 뼈 도구 중 가장 인상 깊은 것은 바늘이다. 바늘은 의복 발달 수준과 긴밀한 관계에 있다. 정교한 바늘은 그만큼 발달된 의복문화가 존재했음을 의미한다. 극지방에 거주하는 이누이트는 크기가 다른 몇 개의 작은 뼈바늘과 가죽을 꿸 때 압력을 가하는 뼈골무를 세트로 사용한다. 뼈로 만든 반짇고리에 바늘과 골무를 넣어 지니고 다니다가 언제든 사용할 수 있도록 만든 이 도구는 인간이 어떻게 극지의 추위를 극복할 수 있었는지 알려준다. 약 4만 년 전 호모 사피엔스의 뼈바늘 사용법은 이누이트의 방식과 다르지 않았을 것이다.

반면 투박한 뼈송곳으로 지어 입은 네안데르탈인의 의복문화는 훨씬 거친 수준에 머물렀을 것이다. 이 수준의 도구로는

여러 겹 껴입을 수 있는 두께가 다른 옷
들을 만들기 어려웠을 것이다. 네안데르
탈인의 멸종 시기를 약 2만 8000년 전 무
렵으로 추정하는데, 이 시기는 마지막 빙
하기의 절정기였다. 부실한 옷은 그들이
멸종한 원인 중 하나였을 수 있다.

두 집단의 유적에 남은 동물 뼈 화석을
관찰한 결과, 네안데르탈인보다 호모 사
피엔스가 의복 재료로 적합한 동물 종을
더 많이 사냥했다는 사실이 드러났다. 사
냥감에서 고기도 얻고 그것으로 가죽도

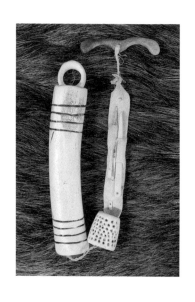

만들면 생존과 생활의 효율이 높아진다. 호모 사피엔스는
돌날기술을 통해 도구와 도구의 재료 생산을 동시에 달성
한 존재였으니, 사냥에서도 고기와 가죽 획득을 모두 추구
했을 가능성이 다분하다.

이누이트의
반짇고리(복제품). 세
개의 뼈바늘을 끼운
가죽과 뼈골무를
분실하지 않도록 실로
연결했다. 반짇고리는
실을 감아두는 실패의
역할을 겸했다.

죽음을 기념한 건 언제부터였을까?

네안데르탈인이 식량자원 확보에 사용한 도구 역시 호모
사피엔스의 도구에 비해 구성이 단순하다. 그들은 초기에
나무창을 돌창으로 개량하여 사냥 효율을 획기적으로 개선
했다. 하지만 이후 오랫동안 더 이상의 진전이 확인되지 않

는다. 반면 호모 사피엔스는 찌르는 창과 던지는 창, 창던지개, 활과 화살로 사냥 도구를 세분화·소형화·정교화했다. 심지어 물속 동물을 사냥하는 그물과 낚시 도구도 발명했다. 네안데르탈인도 해양 포유류를 잡긴 했지만, 낚시 도구는 아직 발견되고 있지 않다. 지금까지의 자료만으로 볼 때 그들은 육상동물을 사냥할 때 사용한 도구를 해양동물 사냥에도 사용했을 가능성이 크다.

한편 호모 사피엔스들이 호수 주변에서 물고기를 잡기 위해 정착에 가까운 생활을 시작하면서 원시 농경이 태동했다. 늦어도 약 2만 5000~2만 4000년 전부터인데, 이 시기의 유적에서부터 곡식을 가루로 만드는 갈돌과 갈판이 발굴된다. 신석기시대 농경문화의 상징으로 알려진 갈판은 사실 구석기시대 후기에 유럽 평원 지역에서 식량을 가공할 때 사용하기 시작한 일상 도구다. 세계 곳곳에 정착하고 각지에서 다양한 산물을 식량화한 호모 사피엔스에게는 식재료의 종류만큼이나 다양한 가공 도구가 필요했을 것이다. 역으로 호모 사피엔스가 식생활에 사용한 도구는 그들의 식단이 얼마나 다채로웠는지 보여주는 증거이기도 하다. 그러한 다양성 덕분에 호모 사피엔스는 환경 변화와 같은 변동성을 겪으며 일부 식재료가 고갈되더라도 대체품을 활용하며 생존할 수 있는 방법을 찾았을 것이다.

정신문화가 담긴 도구는 두 집단의 차이를 더욱 분명하

게 부각한다. 대표적으로 매장문화를 들 수 있다. 매장은 네안데르탈인이 시작하고 호모 사피엔스가 뒤따른 공통의 문화였다. 네안데르탈인의 매장 유적에서 노인과 약자를 돌보았던 흔적이 확인됐다. 호모 사피엔스의 무덤에서는 네안데르탈인 무덤에서는 볼 수 없었던 부장품이 추가됐다. 무덤 바닥이나 시신을 붉은 안료로 장식하고, 죽은 이의 몸을 각종 장신구로 화려하게 꾸민 뒤, 돌이나 뼈로 만든 도구와 같이 묻었다. 단순히 시신만 매장하던 방식에 다양한 장식과 절차가 추가되는 과정은, 사후 세계에 관한 인식과 의식이 점차 체계화되어 가는 과정을 보여주는 것으로 해석된다.

　일상에서 사용한 장신구 역시 양쪽 집단 모두에게서 확인됐다. 네안데르탈인은 조가비 중심의 단순한 장식품을 만들었는데, 발견되는 양도 적은 편이다. 반면 호모 사피엔스는 조가비뿐 아니라 상아와 뼈, 뿔, 동물의 이빨 등 다양한 재료로 장신구를 제작했다. 장신구는 갈아서 모양을 만들고, 구멍을 뚫은 후에 줄로 꿰고, 때로는 안료까지 바르는 등 제작에 상당한 시간과 노동력을 투자해야 얻을 수 있는 희소성이 큰 도구다. 즉 생명 유지의 필수 도구는 아니지만, 이미 그 이상의 가치를 지니고 있었다는 의미다. 그러므로 더 많은 양의 장신구가 발견된 호모 사피엔스 시기는 그 전의 네안데르탈인 시기보다 생활이 안정되고 나아가 더 복잡한 의식 구조와 사회체계가 형성되었다고 볼 수 있다.

죽은 사람의 기억으로 눈앞에 닥친 문제를 해결하기

호모 사피엔스와 네안데르탈인이 처음 접촉했을 때, 두 집단은 차이보다 비슷한 부분이 더 많았다. 하지만 이후 약 4~5만 년의 '짧은' 기간 동안 호모 사피엔스의 도구는 비약적으로 발전했다. 과거 호모 에렉투스의 주먹도끼 제작기술이나 네안데르탈인의 르발루아기술은 출현부터 소멸까지 매우 긴 시간 동안 두드러진 변화나 발전이 확인되지 않는다. 호모 사피엔스의 도구에서 나타난 역동적 변화와 발전은 인류 역사상 유래를 찾기 어렵다. 이 또한 호모 사피엔스의 도구가 가진 또 하나의 차이점이자 특징이다.

기술체계가 지속적으로 성장하기 위해서는 몇 가지 조건이 필요하다. 기존 정보의 축적과 전달은 물론, 거기에 새로운 정보가 추가되어야 하며, 이를 바탕으로 기술 수준이 꾸준하게 고도화되어야 한다. 인간은 지속적으로 진화했으니 도구도 계속 발전해왔을 것이라고 추측한다면 잘못된 생각이다. 진화는 꼭 발전적 방향으로만 향하지 않는다. 진화는 어떤 방향으로든 적응의 최적화 과정일 뿐이다. 그렇다면 호모 사피엔스가 이전의 고인류들과 달리 문화적 폭발cultural explosion이라 말할 정도로 짧은 시간 동안 발전할 수 있었던 이유는 무엇일까? 이것을 설명하기 위해 호모 사피엔스의 뇌 구조가 네안데르탈인과 달랐다는 점에 착안하여 작업기억working memory 향상에 주목한 인지심리학 가설이 있다.

작업기억은 비교적 최근에 제시된 개념이다. 이것은 뇌의 전전두엽prefrontal lobe 영역과 관련이 있으며, 인간의 학습 능력에 영향을 미치는 것으로 알려져 있다. 작업기억 능력이란 짧은 기간에 특정 작업 지식들을 습득하고, 그것을 장기 기억과 연결해서 새로운 문제가 닥쳤을 때 효율적으로 해결할 수 있는 능력이라고 요약할 수 있다. 뇌의 여러 기능 중에서도 고등 인지기능에 해당하며, 이 기능이 낮거나 후천적으로 훼손되면 주의력 결핍이나 학습장애 같은 문제가 나타난다. 즉 호모 사피엔스는 네안데르탈인보다 발달한 두정엽parietal lobe 덕분에 작업기억 능력이 월등하게 뛰어났다고 추정된다. 이 능력을 기반으로 성장한 뛰어난 학습 능력이 사피엔스가 이룩한 발전의 원동력이었다는 설명이다.

"삭풍의 시련을 견디며 살아남은 자들의 미래가
차이와 차별이 만연한 세상일 것이라고
그 누가 생각이나 했을까."

육상인류에서 바다인류로

결성! 해산물 원정대

어부는 엄연한 사냥꾼이다. 육상의 사냥꾼과 다른 점이 있다면 사냥감이 물속에 있다는 점이다. 그런데 둘 사이에는 이보다 더욱 중요한 차이가 있다. 어부는 눈에 보이지 않는 목표물을 사냥한다. 사냥감을 추적하는 것이 아니라 유인해야 하고, 물속에서 잡은 목표물을 무사히 물 밖으로 끌어내야 한다. 이를 위해 어부들은 그들만의 도구를 고안했다. 육상 사냥꾼의 미덕이 용맹함과 민첩함이라면, 바다 사냥꾼의 미덕은 기다림과 지혜로움이다. 같은 사냥이지만 이렇게 다른 차원의 일이기 때문에, 물고기를 잡는 행위는 인간 진화 과정에서 호모 사피엔스가 출현하고도 한참 후에야 나타났다.

바다의 여러 자원 중에서 가장 일찍부터 인간의 식탁에 등장한 것은 물 밖으로 종종 드러나는 조개류였다. 약 15만 년 전 네안데르탈인들이 살았던 스페인 남부의 바혼디요동굴에서는 그들이 사냥한 사슴과 염소 뼈들 사이에서 홍합, 따개비, 바다 골뱅이 등 해변에서 채집 가능한 조개류가 다량 발견됐다. 이 가운데 절반 이상은 홍합인데, 대부분은 조각난 상태였고 일부에서는 열 손상도 확인됐다. 채집한 조개를 동굴로 가져와서 모닥불에 구워 먹었다는 뜻이다. 이밖에도 네안데르탈인의 조개 취식 증거가 더 있지만, 함께 발견되는 동물 뼈에 비하면 조개껍질의 양은 매우 적다. 네안데르탈인은 대체로 유럽과 아시아 일부 지역의 내륙에만 거주했으므로 바다를 접할 기회가 많지 않았기 때문일 수도 있다. 고고학적 증거를 봤을 때, 그들은 용맹한 육상 사냥꾼에 더 가까웠다.

네안데르탈인들과 공존했던 비슷한 시기의 호모 사피엔스 유적에서도 조개 식용의 증거를 확인할 수 있었다. 아프리카 대륙의 최남단, 남아프리카공화국의 피너클포인트에 있는 13B동굴은 약 16만 년 전에 호모 사피엔스가 생활한 유적으로, 홍합류와 따개비 등의 조개껍질이 상당량 남아 있었다. 이 일대의 호모 사피엔스 유적인 클라시스강동굴 유적에는 네안데르탈인 유적과는 달리 마치 신석기시대 조개무지처럼 두터운 조개껍질 퇴적층이 형성되어 있다. 이들은 조개 외에도 바닷새와 펭귄, 거북이 같은 소형 포유류도 사냥했으며, 타조알을 채집한 증거도 남아 있다. 아직 해양자원 이용 초기였으므로, 바다에만 의존하기보다는 다양한

*
潮間帶. 바닷물이
밀물일 때와 썰물일
때의 최대 도달 지점
사이의 구간. 보통
갯벌 상태인 경우가
많고, 썰물 때 드러난
갯벌에서 다양한
해산물을 채취할 수
있다.

식량 공급원을 확보하는 편이 집단의 생존에 유리했을 것이다. 특히 아프리카 대륙 남해안의 조간대*는 밀물의 수위가 매우 높다. 따라서 조개류의 채집은 주로 봄철에 이루어졌고, 다른 시기에는 그것을 대체할 식량원의 확보가 상당히 중요했을 것이다.

피너클포인트의 해안과 내륙에서 발견되는 화석들을 동위원소 분석한 결과 흥미로운 사실 하나가 드러났다. 해안으로부터 약 10킬로미터 정도를 경계로 내륙 쪽보다 해안 쪽 화석에서 유독 높은 비율로 해양자원을 이용했다는 증거가 검출된 것이다. 바다와 가까우니까 당연하다고 생각할 수 있지만, 이전까지는 나타나지 않았던 현상이다. 이것은 기존 수렵채집 집단 사이에서 해양자원에 대한 의존도가 높은 새로운 성격의 집단이 등장했다는 뜻이다. 특정 집단이 해양자원을 장기간 집중적으로 소비하였다면, 그들이 해안 근처에서 '정착'에 가까운 생활을 시작했음을 의미한다. 그리고 정착은 '집단 규모 증가'와 '영역 개념 발생' 등이 뒤따르는 새로운 사회구조의 출현을 가리킨다. 아마도 이들은 현대 어부의 조상쯤 될 것이다.

물고기를 낚는 여러 가지 방법

호모 사피엔스들은 삶의 영역을 확장하는 과정에서 자유자

재로 바다를 건너다녔을 뿐만 아니라 해양자원을 효과적으로 활용하는 방법에 눈을 떴다. 이 무렵에 해당하는, 약 2만 년 전 해양자원의 이용에 대한 괄목할 만한 증거들이 발견되었다. 조개껍질 낚싯바늘이 발견된 동티모르의 제리말라이 유적과 일본 사키타리 유적 등이 대표적이다.

　이와 비슷한 시기, 이스라엘 갈릴리호수 연안의 오할로2 유적은 인간 역사에서 처음으로 전업 어부에 가까운 집단이 등장했음을 보여주는 곳이다. 오할로2 유적에서 생활한 사람들은 2만 3000~2만 2000년 전에 갈릴리호수의 담수어를 주요 식량자원으로 삼았다. 유적은 호수의 남서쪽 연안에 위치해 있으며, 습지에 가까운 환경 덕분에 각종 유기물이 풍부하게 보존됐다. 불에 탄 상태로 잘 보존된 여섯 개의 집터와 야외 화덕자리가 발견되었는데, 작은 집터는 5제곱미터, 큰 집터는 12제곱미터 정도의 크기였다. 그 주변에서 발견된 타다 남은 목재와 짚들을 통해 당시의 집은 나무로 기둥을 세운 후 짚으로 벽을 두른 구조의 오두막 형태였음을 알 수 있다. 아마도 물고기잡이를 할 때 사용하는 임시 거주지였을 것이다. 조사단은 발굴 과정에서 약 1만 7000개 이상의 물고기 뼈를 확보했다. 번식기가 각기 다른 어종들로 구성되어 있는 점, 잉어와 농어 위주로 종 다양성이 낮다는 점, 척추뼈보다 머리뼈의 양이 훨씬 많다는 점 등이 인위적 포획과 가공의 증거로 제시됐다. 그들은 호수에서 일상

이스라엘 오할로2
유적의 돌그물추.
길이 12센티미터.

적으로 잉어와 농어를 주로 잡았으며, 물고기의 머리를 잘
라 호숫가에 버리고 몸통만 가져갔을 것이다.

　오할로2 유적의 1만 9000년 전 층위에서는 물고기 척추
뼈 무더기와 함께 섬유 흔적도 발견되면서 잡은 물고기를
바구니에 담아서 운반하거나 보관하였을 가능성이 제기됐
다. 또한 이 지층에서 그물추로 추정되는 40여 개의 석회암
자갈돌이 나왔다. 이것은 인류가 최초로 사용한 그물추 가
운데 하나인데, 길쭉하고 납작한 타원형 자갈돌의 허리 지
점 양쪽에 홈이 파여 있다. 여기에 그물 가장자리를 묶어서
물속으로 가라앉혔을 것이다. 추의 무게는 작은 것은 150그
램, 가장 큰 것은 400그램 정도였다. 우리나라 청주 재너머
들과 정선 매둔동굴 유적에서도 그물추가 보고된 사례가
있다. 하지만 크기가 작고(4~5센티미터 내외) 가벼워서 동굴
앞을 흐르는 시내에서 그물추 역할을 할 수 있었는지는 앞
으로 좀 더 검토되어야 한다.

요르단강 유역에도 다수의 물고기잡이 유적이 남아 있다. 특히 1만 5000~1만 2000년 전의 유적인 두레이자트에서는 낚싯바늘 17개가 발견됐다. 이 시기 단일 유적으로는 가장 많은 양이다. 낚싯바늘의 크기가 다양한 까닭은 어획 대상을 늘리기 위해서 의도적으로 여러 종류의 바늘을

제작한 결과로 보인다. 가젤이나 사슴류의 뼈를 갈아서 만든 낚싯바늘은 조개껍질로 만든 제리말라이의 낚싯바늘보다 현대인이 사용하는 것과 형태가 더 유사하다. 두레이자트에서도 그물추처럼 생긴 10여 개의 돌이 발견되었는데, 그 형태와 크기가 오할로의 것과 사뭇 달랐다. 공처럼 둥글고 매끈하게 갈고, 가운데에 정교한 줄홈을 만들었다. 지름 3센티미터 이하의 작고 둥근 이 돌들은 낚싯줄에 묶어서 사용한 추였을 것이다.

유럽에서는 구석기시대의 여러 문화기 중 1만 7000~1만 2000년 사이에 해당하는 막달레니안 문화기*에 뼈 도구의 사용이 급격히 증가했다. 특히 고래 뼈를 이용해 대형 창을 만든 사례까지 종종 확인된다. 고래 뼈 관련 유적으로 유명한 프랑스의 이스투리츠를 비롯해서 현재까지 100마리 이상의 고래를 잡아서 만든 고래 뼈 도구가 나왔다. 연안을 따

Magdalenian Cultures.
프랑스 지역에서
후기 구석기시대에
등장한 석기문화로,
작살 등으로 대표되는
뼈 도구가 발달했다.
라스코동굴도 이 시기
유적이다.

라 서식하는 회색고래의 뼈가 가장 많은데, 직접 사냥한 고래인지 해안에 좌초된 고래인지는 확실하지 않다. 당시의 기술력 등으로 보았을 때 아무래도 후자였을 가능성이 크다. 하지만 사냥의 가능성을 완전히 배제할 수는 없다. 회색고래는 대양에 서식하지만 주로 연안을 따라 이동하고 수심이 낮은 해역에서 분만하는 습성이 있다. 이 때문에 포경* 전성기 때 가장 먼저 멸종 위기에 처하기도 했다. 재료의 수집원을 정확히 파악하기 위해서는 포획된 고래와 좌초된 고래를 구별할 수 있는 분석기술이 개발되기를 기다려야 한다.

* 捕鯨. 주로 대형 고래를 전문적으로 사냥하는 산업. 특히 19세기부터 20세기에 걸쳐 대규모 남획이 이루어져 상당수의 고래가 멸종 위기에 처하기도 했다. 현재는 금지되었지만 이누이트족 등의 일부 집단에게만 예외적으로 허용된다.

신석기시대의 문을 열다

무한한 자원을 가진 해양은 인간에게 새로운 단백질 공급원이 되어주었다. 그것도 아주 안정적인 공급원이었다. 어류에서만 섭취할 수 있는 오메가-3 지방산 등이 인간의 신체 진화에 긍정적 영향을 주었다는 연구도 있다. 인류사에서 처음으로 정착을 시작한 어부들은 신석기시대에 이르러 해안을 따라 광범위하게 정착 영역을 확대했다. 소위 신석기혁명의 핵심은 채집경제에서 생산경제로의 전환이지만, 그것 역시 정착이 반드시 전제되어야만 가능하다. 오할로2 유적의 약 1만 년 전 중석기시대 층에서는 야생 보리와 밀, 귀리 등의 곡물 재배와 관련된 초기 증거들도 발견되었다.

구석기시대 어부들은 어로를 위해 정착생활을 시작했지만 차츰 주변 식물들로 관심이 확대되었고, 결국 원시적 농경의 길로 접어드는 계기를 마련한 것으로 보인다. 그런 면에서 구석기시대의 지혜로운 사냥꾼인 어부들은 인류의 경제 체제를 채집에서 생산으로 전환하는 단초를 마련한 선구자들이라고 할 수 있다.

"강과 호수, 바다에서의 어로문화가
인간을 한곳에 정착시켰다."

더 넓은 세상으로 나가자

바다를 건넌 사람들 ①

바람아 불어라!

수백만 년 전 아프리카에서 출현한 인간의 초기 조상은 주로 숲과 초원을 오가며 삶을 영위했다. 처음 그들에게 아프리카 대륙은 생명의 요람 같은 곳이었지만, 빙하기와 같은 대규모 환경 변화가 요람을 생존의 전쟁터로 바꾸어놓았을 것이다. 빙하기는 반복되었고, 그때마다 인류는 살아남기 위해서 새로운 땅을 찾아 떠나야 했다.

이것이 인류의 조상들이 몇 차례에 걸쳐 아프리카 탈출을 시도한 배경이다. 그들이 미지의 세계를 더듬어가며 새로운 터전을 찾아 떠난 여정의 끝에서 마주친 장벽은 대부분 바다였다. 인류사에 처음 나타난 어부들은 해안가에 두터운 조개무지(패총貝塚)를 남긴 신석기인들이지만, 그보다 훨씬 오래전인 구석기시대부터 인간은 바다를 이용하고 있었다.

인간과 바다의 관계는 다른 주제들에 비해 유독 연관성

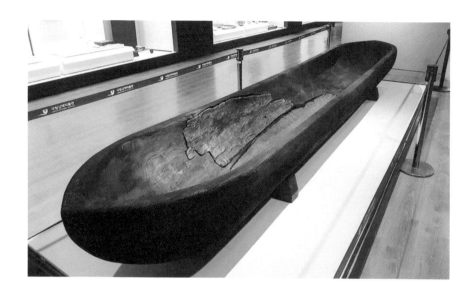

이 모호한 편이다. 바다라는 환경은 증거가 남기 어려운 조건이기 때문이다. 바다를 전문적으로 이용했던 신석기인들에게는 배가 있었다. 우리나라 창녕군 비봉리飛鳳里 조개무지에서는 약 8000년 전에 만든 길이 4미터의 통나무배가 나왔다. 신석기시대에 이 지역 주민들은 항해사였던 것이다. 한편 외이도 골종external auditary exostoses이라는 확실한 증거도 신석기인의 바다생활을 증명했다. 이것은 오랜 잠수활동의 결과로 귀 뼈의 일부가 기형적으로 자라는 질병이다. 우리나라 남해안의 신석기시대 유적인 여수 안도安島 조개무지에서 발굴된 신석기인의 머리뼈에서도 외이도 골종이 관찰되었다.

전라남도 창녕군 비봉리에서 발견된 8000년 전의 통나무배. 통나무 내부를 파서 형태를 만들고, 바깥 면은 불로 그을려서 방수 처리를 했다.

비 스 케 이 만

피 레 네 산 맥

알 프 스 산 맥

이탈리아반도

코르시카섬

이 베 리 아
반 도

발레아레스제도

사르데냐섬

지 중 해

시칠리아섬

지브롤터
해협

아 프 리 카

아프리카와 유럽의
경계인 지중해.

　　반면 구석기시대의 바다에 관해서는 인간이 그것을 어떻게 이용했는지 밝힐 직접적인 증거가 희박하다. 마치 스무 고개처럼 단편적인 증거만 발견될 뿐이다. 이번 이야기는 단편적인 증거들을 모아서 바다와 마주한 첫 인간들의 이야기를 추리해보려 한다.

마침내 대양 앞에 서다

바다를 처음 마주한 인류는 아마도 호모 에렉투스였을 것이다. 여기서 '마주했다'는 말은 바다를 막연히 바라보았다는 게 아니라 삶의 일부로 여기고 온몸으로 부딪쳤다는 의미다. 호모 에렉투스는 마침내 아프리카를 떠나 유럽과 아시아까지 진출했다(약 100만 년 전 인류 최초의 아웃 오브 아프

그리스 크레타섬의
주먹도끼, 전후좌우
모습. 길이
13센티미터.

리카out of africa[*]). 새로운 삶터를 확보하기 위해 북쪽으로 가
던 그들은 아프리카 대륙의 북단에서 지중해를 마주했다.
건너편으로 갈 방법은 나일강을 건너서 아라비아반도로 우
회하거나 지브롤터해협을 건너는 길뿐이다.

　지브롤터해협은 폭이 14킬로미터에 불과해 건너편 육지
가 선명하게 보인다. 눈앞에 보이는 건너편 땅이 호모 에렉
투스의 호기심을 자극했을 것이다. 하지만 이곳은 최대 수
심 900미터에 달하는 해저협곡으로, 가장 혹심한 빙하기에
도 육지가 된 적이 없다. 그들은 이 바다를 건넜을까?

　지브롤터해협보다는 얕지만, 역시 빙하기에 유럽 대륙과
연결된 적 없는 지중해의 몇몇 섬에 호모 에렉투스의 도구
인 주먹도끼가 남아 있다. 이탈리아 서쪽에 위치한 사르데
냐섬에서 30만 년 전으로 추정되는 클락토니안 문화기^{**}의
석기들이 발견되었다. 그리스의 크레타섬 남부에 위치한 플
라키아 유적에서도 최소 13만 년 전으로 연대 측정된 아슐

* 이 이야기는 김상태,
「신대륙의 슬픈
아이러니」,『단단한
고고학』, 159~165쪽을
참조하라.

** Clactonian Cultures.
유럽 구석기시대 전기
석기 제작 전통의
하나. 돌망치를 강하게
내려치는 방식으로
주로 대형 격지를
만들었으며, 그에
따라 도구세트 역시
주로 대형 격지 석기
위주로 구성되어 있다.
이 기술체계 자체는
주먹도끼를 포함하고
있지 않지만, 아슐리안
문화기의 주먹도끼와
공존했다.

Acheulean Cultures.
전기 구석기시대의
대표적인 석기인
주먹도끼를 사용한
시기다. 아프리카와
유라시아의 넓은
지역에 분포했다.

리안 문화기*의 주먹도끼를 비롯한 대형 석기들이 발견되
었다. 이 정도의 자료라면 그들이 바다를 건너간 것은 확실
해 보인다.

경계를 넘는 도구

지금으로부터 수십만 년 전에 인류의 첫 번째 항해가 시작
되었다는 좀 더 확실한 증거는 동남아시아 해역에서 발견
됐다. '월리시아Wallacea'는 이와 관련하여 가장 주목받는 곳
이다. 월리시아는 구석기시대 벽화로 유명한 인도네시아 술
라웨시섬을 시작으로 티모르섬을 거쳐 오스트레일리아에
이르는 해역 일대를 지칭한다. 여기엔 크고 작은 섬들이 마
치 징검다리처럼 연결되어 있다. 하지만 바다의 수심이 매
우 깊다. 빙하기에 대륙붕이 드러나면서 말레이반도와 보르
네오섬, 수마트라섬, 자바섬 등이 연결되어 순다랜드 대륙
으로 존재했을 때도 이곳은 섬으로 남아 있었다. 따라서 배
없이는 이동할 수 없었다.

월리시아를 중심으로 분포하고 있는 생물지리학적 경계
선들도 그 사실을 대변한다. 동쪽으로부터 차례로 월리스
선, 베르버선, 리데커선이 설정되어 있는데, 각각의 경계선
은 깊은 해협이 각 지역을 격리시킨 결과 섬마다 각기 다른
고유 생물종이 살고 있음을 보여준다. 다윈의 섬으로 유명

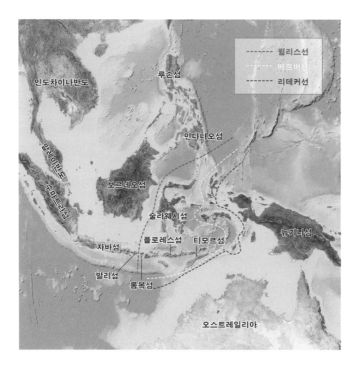

월리시아의 생물지리
경계선.

한 태평양의 갈라파고스제도에서 대부분의 생물종들이 홀로 진화를 거치면서 고유종이 된 것도 바다로 인한 격리의 결과였다. 그럼에도 불구하고 월리시아의 모든 섬에 인간의 생활 흔적이 뚜렷하게 남아 있다. 인간보다 수영을 잘하는 동물들도 건너지 못한 바다를, 인간은 무사히 건너가서 그곳에서 번성했다는 뜻이다.

월리시아의 남쪽 발리섬에서 롬복섬, 숨바와섬, 코모도섬을 지나 플로레스섬까지 도달한 사람들은 일명 '호빗족'이

Island Dwarfism.
고립된 지역, 특히 섬과
같이 외부와 단절된
지역에 서식하는
동물이 대륙에
서식하는 동일 종에
비해 시간이 지남에
따라 점차 작아지는
생물학적 현상. 주로
대형 포유류에서
관찰된다.

라 불리는 호모 플로레시엔시스들이다. 호모 플로레시엔시
스는 키가 1미터 남짓한 소형 인종이다. 그들의 기원에 관
해서는 섬 왜소증*을 비롯한 다양한 학설이 제시되고 있다.
가장 최근에는 이들을 자바원인으로 대표되는 호모 에렉투
스의 진화형 가운데 하나로 추정하고 있다. 화석 기록에 의
하면 그들은 20만 년 전 무렵에 이 지역에 출현했고, 5만 년
전쯤에 멸종했다. 불을 다루고 석기를 사용한 점도 호모 에
렉투스와 유사하다. 그들이 남긴 유적의 고고학적 연대를
근거로 최소 10만 년 전에 몇 개의 해협을 건너 플로레스섬
에 정착했다고 추정할 수 있다.

호모 에렉투스의 신체 크기와 비율은 빠르고 효율적인
수영기술을 구사하기에 무리가 없다고 판단된다. 하지만 영
장류에게 수영은 선천적 능력이 아니라 배우고 익혀야 하
는 후천적 기술이다. 따라서 수영을 잘하는 인간 개체들이
앞장서서 바다를 건너갔을 것이라는 생각은 공상에 가깝다.

한편 실험에 따르면 동남아 해역은 수온이 높은 편이라
저체온증의 위험이 없으며, 이곳에 표류한 사람은 담수의
공급 없이도 최대 나흘간 생존할 수 있다고 한다. 큰 통나무
에 의지해 표류하면 운 좋게 반대쪽 섬에 닿을 수도 있다는
뜻이다. 그런데 한두 명이 우연히 섬으로 온 사건은 고고학
적 증거를 남기기 힘들다. 인간의 흔적을 남기려면 안전을
도모하고 번식을 할 만큼의 무리(개체 수)가 있어야 한다. 고

고학자들은 호모 에렉투스들이 바다를 건넜다는 사실을 보여주는 다수의 간접적인 물증(유적)을 찾고도 그 과정을 명쾌하게 설명하지 못하는, 난처한 상황에 처했다.

100만 년 동안의 항해

바다를 건넌 사람들 ②

당신의 용기를 시험하는 바다

호모 에렉투스의 뒤를 이어 다시 한번 아프리카를 벗어났고, 나아가 전 지구로 퍼져나간 호모 사피엔스들에게 바다는 어떤 존재였을까? 호모 사피엔스는 이미 10만 년 전부터 해양자원을 이용했던 증거가 있다. 아프리카 대륙의 남단부 피너클포인트 등지에서는 조개류를 비롯한 다양한 해양자원을 식량으로 사용했다. 호모 사피엔스는 일찌감치 바다를 삶터의 일부로 인식하고 있었던 것이다. 연구자들은 마지막 빙하기의 혹독한 환경 변화가 그들로 하여금 해양자원에 눈을 뜨게 만들었다고 해석한다. 지금의 우리가 일상에서 바다와 바다의 산물을 자연스레 대하는 태도는 이때부터 비롯되었다고 볼 수 있다.

해양자원의 이용은 육상자원의 이용보다 한층 더 어려운 일이다. 육상에서 구할 수 있는 인간의 먹거리는 다른 동물들의 먹거리이기도 하다. 예컨대 먹을 수 있는 재료와 먹어서는 안 되는 재료를 구분할 때 '토끼가 먹었다면 우리도 먹을 수 있다' 같은 학습 기제가 가능하다. 그렇지만 바닷물 속에 있는 먹거리는 완전히 새로운 대상이다. 짠물이 뚝뚝 떨어지는 비릿하고 미끄덩한 생명체를 입에 넣는 일은 결과를 장담할 수 없는 도전이다. 먹어도 되는지 안 되는지는 오직 먹어본 뒤에야 판단할 수 있다. 영리하고 진취적인 누군가가 그 일을 시작했을 것이다. 처음에는 바위에 붙은 조개류부터 시작했겠지만, 이내 꽤 깊은 곳까지 잠수해서 자원을 획득했다. 유적에 남아 있는 조가비들 중에 꽤 깊은 곳까지 잠수해야만 채집할 수 있는 종류도 있다. 이처럼 호모 사피엔스에게 바다는 이미 오래전부터 자원을 얻기 위해 노력하는 삶터였다.

원시 해상 네트워크의 흔적

바다에 익숙한 호모 사피엔스의 항해는 어떤 모습이었을까. 무대를 다시 월리시아 근처로 옮겨보자. 호모 사피엔스는 호모 플로레시엔시스들이 도달했던 플로레스섬에서 더 나아가 티모르섬을 지났고, 결국 미개척 대륙이었던 오스트레일리아에 도달했다. 중간 기착지였던 티모르섬에는 호모 사피엔스의 바다생활을 보여주는 증거가 잘 남아 있다. 동티모르의 동쪽 해안 끝에 위치한 제리말라이 바위그늘 유

적에서 뗀석기와 더불어 많은 양의 물고기 뼈, 조가비, 낚싯
바늘 등이 발굴되었다. 심지어 물고기 뼈가 육상동물의 뼈
보다 압도적으로 많이 출토되었다. 이것만 놓고 본다면 그
들의 주식은 물고기였고, 그들은 사실상 전문적인 어부였
다고 간주할 수 있다. 물고기 뼈의 구성 또한 흥미롭다. 절
반 이상이 원양 어류이며, 길이가 50~60센티미터인 참치류
가 50퍼센트를 차지한다. 당시의 조업 수준을 정확히 판단
하기 어렵지만, 이 정도로 편중된 비율이라면 그 집단의 취
향이 확실히 반영되었다고 볼 수 있다. 더 나아가 특정 어종
포획법에 관한 지식이 있었다고 해석할 수 있다. 참치 외에
도 상어, 대형 가오리, 돔, 유니콘피시 같은 대형 어종의 뼈
가 다수 나왔다.

이렇게 큰 물고기를 도대체 어떻게 잡았을까? 유적에서
발견된 낚싯바늘 한 점이 힌트를 제공했다. 제리말라이의
낚싯바늘은 두꺼운 조가비를 자르고 갈아서 만든 것으로,
남아 있는 부분은 갈고리 모양이다. 발굴된 지층의 절대연
대를 참고하면 약 2만 3000년 전에서 1만 6000년 전 사이
에 제작되었다.

이 투박한 낚싯바늘로 정말로 대형 참치와 상어를 낚을
수 있을까? 여전히 의문이 든다. 하지만 비슷한 시기 일본
에서 사용한, 놀라우리만치 흡사하게 생긴 낚싯바늘을 보면
조금 더 확신이 생긴다. 타이완과 일본 규슈 사이의 1200킬

로미터 해역에는 100여 개의 크고 작은
섬이 있다. 이곳을 류큐열도라고 부르는
데, 타이완이나 규슈와는 달리 빙하기에
도 육지와 연결된 적이 없다. 그런데도 여
러 섬에 인간의 흔적이 남아 있다는 점
이 월리시아 지역과 유사하다. 류큐열도
의 중간쯤에 해당하는 오키나와섬의 동
남부에서 사키타리동굴 유적이 조사되었

호모 사피엔스의
낚시바늘. 일본
사키타리 유적(위)과
동티모르 제리말라이
유적(아래, 길이
1.2센티미터)에서
출토.

다. 약 3만 5000년 전에서 3만 년 전 사이에 호모 사피엔스
가 살았던 곳인데, 큰고둥의 껍질을 갈아 만든 낚싯바늘이
발견되었다. 이 바늘의 제작 연대는 2만 3000년 전으로, 제
리말라이 낚싯바늘과 비슷하거나 좀 더 오래되었다. 두 유
적의 거리는 직선거리로 약 4000킬로미터다. 따라서 월리
시아의 호모 사피엔스와 류큐열도의 호모 사피엔스가 동일
한 무리이거나 한 집단이 두 지역을 자주 왕래했을 가능성
은 사실상 없다. 그렇다면 당시 동남아시아 해역과 서태평
양 연안 일대의 호모 사피엔스들에게 조가비로 만든 낚싯
바늘은 일상적인 도구였다고 보아야 한다. 앞으로 동일한
모양의 낚싯바늘이 추가로 발견될 가능성 또한 높다. 나아
가 이 낚싯바늘을 사용해 원양 어류를 잡았다면, 당시 사람
들이 꽤 먼 바다를 반복해서 오갈 수 있었다는 의미이기도
하다. 이 점에 주목한다면 자연스럽게 어떤 장면이 떠오를

동해

한반도

황해

일본열도

고즈시마

오키나와섬

타이완섬

하이난섬

남중국해

인도차이나반도

루손섬

태평양

필리핀해

민다나오섬

말레이반도

수마트라섬

보르네오섬

술라웨시섬

뉴기니섬

자바섬

티모르섬

인도양

오스트레일리아

서태평양 지역의 지리.

것이다. 바로 '항해'다.

증거는 더 있다. 그건 바로 화산섬인 일본 고즈시마의 흑
요석이다. 도쿄 남부의 이즈반도로부터 약 50킬로미터 남
쪽 해상에 있는 작은 섬 고즈시마는 빙하기에도 일본열도
와 육지로 연결된 적이 없음은 물론, 역사시대에는 유배지
로 사용되었을 만큼 뭍에서 멀리 떨어진 격오지다. 그런데
흥미롭게도 고즈시마에서 채취된 흑요석이 약 1만 8000년

전부터 대략 3000년 동안 꾸준히 일본열도에서 사용되었다. 흑요석은 성분 분석을 통해 원산지를 정확히 확인할 수 있다.* 따라서 섬에서 만들어진 흑요석이 바다 건너에서 발견된다면 이것은 분명한 항해의 증거다.

고고학적 복원 실험

다만 지금까지 제시한 항해의 증거 가운데 결정적인 물증은 없다. 간접적인 증거만 무수할 뿐이다. 이런 상황을 타개하고자 일군의 실험고고학자들이 기나긴 실험에 착수했다. '첫 항해사들First Mariners'라는 이름이 붙은 실험고고학 장기 프로젝트는 1996년에 시작해서 지금까지 이어지고 있다. 이들은 땅속에 남아 있는 잔해의 발굴에 의존하는 "쓰레기 고고학**" 같은 전통 방법만으로는 원시 항해의 기술을 확인하는 데 한계가 있다고 전제한다. 그래서 전통적 방법을 통해 수집한 고고학적 정보를 기반으로 "복제 고고학"의 방법을 동원하여 구석기시대의 항해를 복원하려 했다. 이 프로젝트는 기존의 고고학 연구 성과에서 확인된 당시의 기술과 재료들만으로 대양 항해를 시도하고 있다. 앞서 언급한 항해 관련 증거들이 발견된 장소와 시기의 정보를 종합적으로 동원하고, 거듭되는 시행착오를 통해서 정보를 축적하고 깨달음을 얻으면서 이 프로그램은 월리시아 해역

*
이 이야기는 김상태, 「흑요석, 무엇으로든 바꿀 수 있는 돌」, 『단단한 고고학』, 40~47쪽을 참조하라.

**
Garbage Archaeology. 과거 삶의 단면을 담고 있는 오래된 폐기물, 즉 화석화된 일종의 쓰레기를 조사하는 고고학 연구의 특성을 반영한 용어다. 썩지 않고 남아 있는 것만 해석할 수 있다거나, 다른 곳으로 옮겨져서 부정확한 해석을 초래하는 등의 단점이 있다.

의 항해를 복원하는 데 꽤 다가갔다. 인도네시아에서 여섯 척, 지중해의 항해를 복원하기 위해 모로코에서 두 척의 배를 각각 건조했으며, 그중에서 두 척의 건조 실험용 배를 제외하고 여섯 척을 바다로 보낸 결과 네 번의 성공과 두 번의 실패를 기록했다.

이 프로젝트의 목적은 단지 항해를 성공시키는 것이 아니다. 당시의 항해와 최대한 가까운 모습을 복원하는 것이 최종 목표다. 따라서 실패하든 성공하든 상관없이 항해 결과를 분석하고 항해에 사용한 배를 해체한 뒤 관찰하고 기록한다. 추가로 모든 과정에서 민족지 자료를 참고하여 배의 건조, 식수 및 식량 확보, 낚시 도구 및 도착지에서 성공적으로 정착 가능한 인원 등을 종합적으로 고려한다. 만족할 만한 결과를 얻을 때까지 '첫 항해사들'의 복원 실험은 계속될 예정이라고 한다.

100만 년 전 인간이 아프리카 밖으로 나오기 시작한 이후 바다를 개척하고, 바다 건너 낯선 땅에 도달하려는 노력이 부단히 이어졌다. 하지만 그들이 실제로 바다를 건널 때 사용했던 도구는 여전히 존재를 드러내지 않고 있다. 운이 좋다면 어느 해안가 늪지에서 배처럼 생긴 도구를 발굴할 수도 있을 것이다. 항해의 시작과 방법을 정확히 밝히기 위해서는 이와 같은 확실한 물증을 찾아야 한다. 하지만 그들이 왜 그토록 많은 시행착오와 위험을 감수하면서까지 바

다를 건너고자 했는가 하는 질문이 보다 본질적이라고 생
각한다. 기존의 많은 연구 성과들은 호모 사피엔스가 새로
도달한 지역마다 동물들은 멸종 위기에 처했고, 앞서 정착
해 있던 선행 인류도 멸종의 길로 접어들었다고 이야기하
고 있다. 바꾸어 말해서 호모 사피엔스에게 새로운 땅으로
의 이주는 힘겨운 도전인 동시에 풍요를 약속하는 일이었
을 것이다. 호모 에렉투스 이후 인간은 생태계의 상위 포식
자로 성장했고, 미개척지는 새로운 자원이 기다리는 약속의
땅이었던 셈이다.

"거대한 바다에 처음 도착한 인간은
자연에 대한 공포와 도전 가운데
무엇에 사로잡혔을까?"

두뇌 발달의 비밀이 담긴
구석기 식단

구석기인들의 식생활 ①

구석기 식단, 700만 년 동안의 먹거리

자연계에서 특정 종의 먹거리는 먹이사슬 내에서 그 종의 위치와 상응한다. 따라서 일반적인 경우라면 특정 종의 식이정보는 천적 관계 등을 포함해 단순하게 정리할 수 있다. 하지만 인간은 도구를 발달시킴으로써 먹이사슬 내에서 자신의 위치를 극적으로 상승시킨 독특한 이력을 갖고 있다. 그 결과 피식자에서 최상위 포식자로 단기간에 올라섰다. 그 과정에서 인간이 먹어온 것들은 자연계의 다른 동물 종과 비교했을 때 상대적으로 넓은 스펙트럼을 형성하게 되었다. 그것을 총칭하여 구석기 식단paleo diet이라고 부른다.

얼마 전부터 구석기 식단에 대한 관심이 높아졌고, 현대인의 건강을 개선하기 위한 획기적 대안 중 하나로 구석기 식단을 복원해 적용하려는 시도가 늘어났다. 인간이 가장 오랫동안 유지한 식단이므로 당연히 인간의 신체에 적합하게 구성되어 있으며 건강에도 이로울 것이라는 가정이다.

하지만 700만 년 이상에 걸쳐 전 세계 모든 기후대에서 매우 다양한 조합으로 구성된 구석기 식단은 그 실체를 모호하게나마 정리하기도 쉽지 않다. 이런 맥락에서 그 유용성에 대한 찬반이 지속되고 있는 상황은 어쩌면 당연하다 할 수 있다. 먼저 최소한의 이해를 위해 변화무쌍했던 구석기시대의 식단을 시간의 흐름에 따라 배열해보자.

인간은 원래 열대 혹은 아열대 기후대에 성공적으로 적응한 잡식성 포유류였다. 잡식성이란 동물성 음식과 식물성 음식을 가리지 않고 먹었다는 의미이며, 거주 범위 안에서 채집 가능한 동식물을 선별하여 식량자원으로 이용했음을 말한다. 오랫동안 그 실체에 대한 궁금증을 해결하기 위해 많은 연구가 진행되었고, 과학기술의 발달에 따라 최근에는 비교적 구체적으로 구석기시대 식단을 이해할 수 있게 됐다. 과거에는 화석이 발견된 지점에서 함께 발견된 도구나 동물 뼈, 식물 화석 등과 같은 고고학 및 고생물학 자료를 기반으로 추측했다면, 1990년대 중반 이후에는 뼈에서 추출한 콜라겐이나 치석을 분석하는 방식으로 실체에 접근할 수 있게 됐다. 예를 들어 탄소안정동위원소 $12C$와 $13C$를 통해서 어떤 종류의 식물을 주로 먹었는지(예컨대 $12C$는 쌍떡잎식물, 주로 잎이나 열매류 섭취의 증거이고 $13C$는 주로 외떡잎식물, 주로 곡물류 섭취의 증거다) 알 수 있으며, 질소안정동위원소 $14N$과 $15N$을 통해 어떤 종류의 고기를 어떤 방식으로 섭취했는지(예컨대 육상과 해양 기원 포유류 섭취를 구분하여 확인하거나, 육식과 채식의 비중을 계산할 수 있다) 파악할 수 있다.

인류로 분화되기 이전에 속했던 영장류들의 식이 분석 결과를 참조하면 구석기 식단의 초기 양상을 더욱 잘 이해할 수 있다. 고릴라와 오랑우탄은 영장류 중에서도 덩치가 가장 큰 편이지만 주로 열매류 중심의 채식을 한다. 하지만 야생 열매 속에 있던 곤충이나 유충을 의도치 않게 먹게 되면서 약간의 동물성 단백질도 섭취한다. 인간과 유전적으로 가장 가깝다고 알려진 침팬지 역시 비교적 채식 비중이 높지만 육식을 병행하는 잡식성이다. 인류의 고향인 아프리카 사바나의 침팬지들은 나뭇가지를 이빨로 거칠게 다듬어 일종의 창을 만든 다음 그것으로 덤불 속에 숨어 있는 자신보다 몸집이 작은 원숭이들을 공격한다. 성공률은 아주 낮은 편이지만 육식을 목적으로 하는 명백한 사냥 행위다. 또 한편으로는 나뭇가지를 사용해 식물의 구근을 채취하기도 한다. 도구를 제작한다고 알려진 중앙아메리카의 카푸친원숭이*는 석기를 사용하여 구근을 채취한다. 인간과 유전적으로 가까운 야생 영장류들의

*
이 이야기는 김상태, 「도구가 만든 격차」, 『단단한 고고학』, 16~23쪽을 참조하라.

턱뼈와 씹는 근육이 발달한 파란트로푸스 보이세이. 강력한 씹는 근육(저작근)을 지지하기 위해 정수리 위로 뼈가 솟아 있다.

이와 같은 식생활 양상은 아마도 인간의 초기 조상들의 식생활과 유사할 것이다.

치아의 외부를 감싸고 있는 법랑질의 분석 결과는 초기 인간 조상의 식이는 약 400만 년 전 무렵까지는 사바나 침팬지와 다르지 않았으나, 350만 년 전쯤부터는 육식 비중이 서서히 증가하기 시작했음을 보여주었다. 350만 년 전 무렵은 오스트랄로피테쿠스와 호모 하빌리스가 활동하기 시작한 시기였으므로, 이는 진화 과정에서 식이의 변화와 함께 초기 호모속이 출현했음을 의미한다. 예외적으로 오스트랄로피테쿠스 가운데 로부스투스 혹은 파란트로푸스로 분류되는 종은 두텁고 단단한 턱 근육과 큰 치아로 인해 견과류 중심의 채식을 했다고 추정되었지만, 최근에 안정동위원소 분석을 진행하여 이들 역시 잡식성이었다는 사실을 확인했다. 이로써 비교적 먹이사슬의 하위 단계에 위치해 있던 초기 인간 중에도 채식에만 의존한 종이 없었던 것으로 보인다.

사냥꾼 대 요리사

이미 잘 알려진 것처럼 호모 에렉투스는 능숙한 사냥꾼이었다. 이들은 불을 활용하고 사냥용 창을 개발했으며, 아프리카를 벗어나 남부 유라시아를 무대로 활동했다. 이 무렵 신체적으로도 두드러진 변화가 나타났는데, 지역에 따라 다소 차이는 있지만 이전 인류에 비해 키가 30퍼센트 이상 커졌고 뇌의 용량은 50퍼센트 이상 확대됐다. 반면 치아의 크기와 몸통의 둘레는 오히려 전보다 축소되었다. 그 결과 신체 비율이 현대인과 매우 흡사해졌다. 혹자는 호모 에렉투스가 양복을 입고 곧은 자세로 서 있으면 현대인과 구분하기 어려울 정도라고 말하기도 한다. 이들의 학명인 '곧선사람'은 그런 의미에서 붙여진 것이다. 호모 에렉투스 단계에서 확인되는 괄목할 만한 신체 변화는 자연계에서 상당히 이례적인 현상이다. 호모 에렉투스의 뇌는 아직 진화 과정에 있지만 다른 영장류와 비교했을 때 이미 체질량에 비해 월등히 큰 단계에 도달했다. 반면 턱과 소화기관은 작았다. 뇌는 체질량의 2퍼센트 정도를 차지하지만 신체 에너지의 25퍼센트를 사용하는, 소위 말하는 가성비가 낮은 기관이다. 따라서 뇌가 커졌다는 것은 그만큼 더 많은 에너지가 필요해졌다는 의미다. 자연상태에서 어떤 생물종 개체들의 뇌가 커졌다면 그들의 소화기관도 크기가 커지게 마련이다. 하지만 호모 에렉투스의 턱과 치아, 소화기관은 오히려 전보다 작아지며, 일반적인 진화의 방향을 역행했다.

　더 작아진 소화기관으로 어떻게 더 많은 에너지를 흡수할 수 있었을까. 이 현상을 설명하는 가설이 몇 가지 있다. 그중에서 가장 먼저 제시된 것은 일명 사냥 가설, 혹은 비싼 신체 가설이다. 사냥꾼으로 거듭난 호모 에렉투스는 점점 더 육식을 했고, 그에 따라 영양 섭취가 비약적으로 상승하여 큰 뇌를 가질 수 있었다는 설명이다. 동시에 씹거나 소화하기 어려운 식물성 음식보다 잘 소화되고 에너지 효율도 큰 육식의 비중이 커지면서 턱과 소화기관은 작아질 수 있었으며, 뇌만큼 많은 에너지를 소비하는 소화기관이 소형화·고효율화 방향으로 진화하면서 소화기관에서 절약한 에너지까지 포함해서 뇌에 충분한 에너지를 공급할 수 있게 되었다고 덧붙인다. 일반적으로 육식동물의 소화기관이 초식동물에 비해 작은 경향이 있으므로, 사냥 가설은 오랫동안 지지를 받았다. 하지만 이 가설은 은연중 인간 우월주의를 자극했다. 또 한편으로 사냥은 주로 남성에 의해 이루어지고, 여성은 과일이나 식물 뿌리 등의 채집을 담당했다는 성역할 분업설로 이어졌다. 이에 대한 비판이 제기된 후에도 사냥 가설은 오랫동안 지지와 비판을 동시에 받으며 현재까지 주요 학설로 남아 있다.

군건한 사냥 가설에 맞서 또 하나의 대안으로 제시된 것은 일명 요리 가설이다. 요리 가설의 주장자들은 사냥 가설을 정립하는 과정에서 그동안 제시된 고고학적 증거들은 대부분 편향된 자료이며, 호모 에렉투스 이후에도 뇌는 계속해서 커졌지만 그에 비례해서 육식이 증가했다는 증거는 명확하지 않다는 반론을 제기했다. 대신 호모 에렉투스들이 사용하기 시작한 불에 주목했다. 불을 사용해 음식을 조리

함으로써 소화 흡수의 효율이 낮거나 아예 소화가 어려웠
던 음식까지 먹을 수 있게 되었고, 칼로리 흡수율도 극적으
로 증가했다고 주장한다. 그 결과 음식을 더 적게 먹더라도
에너지가 충분히 공급되면서 자연히 뇌도 커질 수 있었으
며, 더불어 소화기관은 축소됐다는 설명이다. 특히 화식(불
로 음식을 익혀 먹는 방식)으로 인해 육류의 영양 흡수가 증가
한 것은 사실이지만, 그보다 탄수화물을 다량 함유하고 있
는 구근류를 용이하게 섭취하기 시작한 것에 더욱 주목해
야 한다고 주장한다. 날것의 상태로는 소화시키기 어려웠던
식물성 식재료를 가열함으로써 탄수화물 이용 효율이 40퍼
센트 이상 증가했고, 그로부터 획득한 다량의 칼로리가 뇌
성장의 핵심이었다는 것이다. 아울러 음식을 익히면 부드러
워지기 때문에 턱과 치아 및 소화기관도 작아졌다는 설명
은 앞서 살펴본 사냥 가설보다 일목요연하게 식생활의 변
화를 보여준다. 하지만 인간이 불을 효과적으로 통제하고
이용할 수 있게 된 것은 호모 에렉투스의 출현보다 훨씬 나
중의 일이므로 요리 가설은 성립하기 어렵다는 반론도 있
다. 이에 대해 요리 가설을 주장하는 연구자들은 호모 에렉
투스 출현 초기인 150만 년 전부터 음식을 조리했던 흔적이
담긴 고고학적 자료들을 제시하며 논쟁을 이어가고 있다.

　　사냥 가설과 요리 가설이 논쟁을 거듭하는 까닭은 인간
의 진화 과정에서 강한 몸 보다는 '더 큰 뇌'가 자연선택의

고인류의 상대적
신체 크기 비교
(왼쪽부터
오스트랄로피테쿠스,
호모 하빌리스,
호모 에렉투스).

중심에 있었기 때문이다. 뇌의 발달이 생존에 더 유리했기 때문에 큰 뇌를 가진 개체들이 지속적으로 '선택'되었고, 그 과정에서 인간의 뇌는 점점 더 크기가 커진 것이다. 독창적이고 혁신적인 도구인 주먹도끼, 불의 사용, 아프리카를 벗어나 유라시아로의 확산, 먹이사슬에서의 지위 상승 등 호모 에렉투스와 관련된 일련의 연구 결과들은 모두 지적 성장과 연결지어야만 설명 가능한 것들이기 때문이다.

이 지점에서 구석기 식단과 관련하여 우리가 주목해야 할 점은 호모 에렉투스가 사냥꾼이었는지 혹은 요리사였는지가 아니라 '아웃 오브 아프리카', 즉 인류의 생활 영역을 확대했다는 것이다. 그들은 아프리카 밖으로 나와서 새로운 장소를 찾아 떠났고, 도착한 곳에서는 필연적으로 새로운 식재료를 발견했다. 매순간 무엇을 먹을지는 차치하고, 우

선은 먹을 수 있는 것인지를 판단해야 하는 상황을 마주했
을 것이다. 아프리카를 벗어난 그들이 낯선 유럽과 아시아
남부 지역에 성공적으로 정착할 수 있었던 이유는 낯선 식
재료에 잘 적응했기 때문이다. 따라서 육식의 비중이나 요
리 방법 같은 틀만으로 구석기 식단의 거대한 변화를 이해
하기란 역부족이 아닐 수 없다.

인간, 자연계의 왕이 되다

구석기인들의 식생활 ②

　　사람을 돌보면서 사람을 잡아먹었다는 어떤 사람
네안데르탈인은 자연계의 최상위 포식자였다. 프랑스 레코
테스와 그로트뒈렌 유적에서 발견된 영양 상태가 양호한
네안데르탈인 뼈의 분석 결과는 그들이 신선한 고기를 먹
는 육식동물과 같거나 그보다 더 높은 위치를 차지한 포식
자였다는 사실을 알려주었다. 아미노산 분석은 그들이 사냥
한 동물은 대부분 순록이나 말과 같은 대형 초식동물이었
음을 보여준다. 네안데르탈인은 호모 에렉투스보다 몸통이
두툼하고 다부진 골격을 가지고 있었는데, 이는 단백질 소
화에 특화된 육식동물처럼 더 크고 튼튼한 신장을 갖고 있
었기 때문으로 추측된다. 호모 에렉투스로부터 진화한 그들
이 최고의 사냥꾼으로 성장하기까지는 진화와 유전의 상승
작용도 중요했지만, 또 하나 중요한 지점이 있었으니 그것
은 바로 새로운 도구를 제작하는 기술이었다. 네안데르탈인
은 르발루아기술을 통해 더욱 위력적인 창을 만들어냈다.

거의 완전한 육식주의자였던 네안데르탈인은 종종 식인 종이라는 오해를 받았다. 스페인 엘시드론, 이탈리아 산펠리체치르체오, 중국 베이징 등 세계 각지의 유적에서 네안데르탈인의 식인 증거가 보고되었다. 하지만 연구가 진전됨에도 식인 행위를 확증할 수 없었고, 일부는 하이에나의 소행으로 밝혀지기도 했다. 이와 관련하여 지금도 시시때때로 새로운 증거가 제시되고 논박이 이어지고 있다.

네안데르탈인의 일상적인 인육 섭취를 의심하게 하는 반증은 많다. 그중 대표적인 것이 매장 풍습이다. 인간의 조상 가운데 처음으로 동료를 매장하기 시작한 그들이 한편에서는 다른 인간을 먹고 있었다는 것은 공존하기 어려운 사실들이다. 또한 가장 오래된 돌봄의 증거로 거론되는 프랑스 라샤펠오생의 노인 무덤은 그들이 최소한 인간을 먹을 수 있는 대상으로 바라보지 않았음을 강력히 시사한다.

자연계에서는 경우에 따라 자신의 새끼를 먹어 치우기도 하고, 경쟁에서 굴복한 상대 개체를 잡아먹는다거나, 극도록 굶주린 상황에서 죽은 동족을 먹는 경우도 있다. 앞으로도 관련 연구가 지속되어야 하겠지만, 네안데르탈인들이 인육을 먹었다고 하더라도 이와 같이 일시적이고 예외적인 사례로 이해하는 편이 합리적이다.

여기에 더해서 기존의 관념에 반하는 새로운 사실이 관찰됐다. 인간의 성장 과정이 기록되는 치아 발달 상태를 조

사한 결과 네안데르탈인의 건강 상태는 생각보다 양호하
지 않았다. 수유기부터 성장기에 걸쳐 여러 차례 영양실조
를 겪은 흔적이 뚜렷하게 남아 있었다. 그뿐 아니라 네안데
르탈인의 골격에서 사냥 과정에서 빈번하게 부상을 당했던
흔적도 다수 확인됐다. 그들은 식량 확보에 문제가 생긴 상
황에서도 다친 동료를 보살피며 생활했다. 만일 이런 시기
에 적절한 대체 식량원을 구하지 못한다면 상당 기간 굶주
림을 겪어야 했을 것이다. 그들의 치아에 남아 있는 성장 부
진의 흔적은 이런 일들이 실제로 종종 있었음을 보여준다.

네안데르탈인들의
거주 추정 범위.

자연의 경고에 대처하는 자세

네안데르탈인이 완전히 육식만 고집했던 것은 아니다. 발칸 반도와 지중해 주변 지역에서 발굴된 네안데르탈인의 치아에는 여러 가지 비동물성 음식을 섭취한 증거가 남아 있었다. 이라크의 샤니다르동굴 출토 인골에서는 콩을 비롯한 야생 곡물을 섭취한 사실도 확인했다. 그 밖에도 여러 해안 유적에서 해양 포유류와 조개류를 식재료로 사용한 증거가 발견됐다.

그럼에도 그들의 주식은 동물성 단백질이었다. 식재료가 한쪽으로 편중되면 환경 변화에 따른 기근에 취약해진다. 비록 일 년 중 어느 한 시기에만 식재료 수급에 문제가 생기는 상황이더라도, 기근이 반복되면 개체 수가 감소함은 물론이고 심각한 경우에는 멸종을 가속화하는 원인이 될 수 있다. 치아에 남은 영양실조의 흔적이나 골격에 남은 부상의 흔적은 이러한 추정이 그들에게 상당히 현실적인 문제였음을 보여준다.

아프리카를 떠나서 유라시아에 도착한 호모 사피엔스는 이미 그곳에 터를 잡고 있던 네안데르탈인들이 멸종할 때까지 한동안 그들과 함께 생활했다. 그중 일부는 네안데르탈인들과 결혼을 하고 아이도 낳았다(그래서 현대인의 일부가 네안데르탈인 DNA를 가지고 있다). 말하자면 인간 진화의 계보에서 호모 사피엔스와 네안데르탈인은 사촌 격이라고

할 수 있는데, 둘의 식단 구성은 사
뭇 달랐다. 거의 고기만 섭취한 네안
데르탈인과 달리 호모 사피엔스는
식탁을 다양한 식재료로 채웠다.

인간의 식습관은 문화적 속성을
강하게 반영하기 때문에 쉽게 바뀌
지 않는다. 호모 사피엔스의 식습관
도 아프리카에서 이미 형성된 것이
었고, 새로 도착한 곳에서도 기존의
관습을 유지하려는 관성이 작동했
을 것이다. 호모 사피엔스는 네안데
르탈인과 동등하거나 더 진보한 사
냥 도구와 기술을 보유했음에도, 이
들의 육식 의존도는 최대 60퍼센트
를 넘지 않았다. 그 결과 의도한 것
은 아니었지만 식재료가 다양해짐
으로써 일부 식재료가 고갈되더라
도 생존에 치명적인 피해를 입지 않
을 수 있었을 것이다.

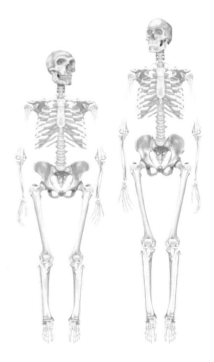

호모 사피엔스의 식단에는 일정량의 육류와 함께 많은
양의 해양 포유류와 어류가 추가되었다. 이후 더욱 다양한
구근과 열매류가, 약 3만~2만 년 전부터는 재배한 곡류까

네안데르탈인과 호모
사피엔스의 골격 비교.
(왼쪽이 네안데르탈인,
오른쪽이 호모
사피엔스)

지 추가되었다. 다만 호모 사피엔스의 식단을 이렇게만 일반화하는 것은 무리다. 호모 사피엔스들은 네안데르탈인들과 비교도 안 될 만큼 광대한 지역에 퍼져 살았기 때문이다. 네안데르탈인들은 상대적으로 한정된 유라시아 지역의 자연환경에 적응했지만, 호모 사피엔스들은 적도부터 극지방까지를 전부 아우르는 지구상의 모든 지역에 정착했다. 그리고 그 지역의 식용 가능한 모든 것을 섭취했다. 호모 사피엔스 식단의 특징을 한마디로 요약한다면 '다양성'이다. 그렇기 때문에 우리의 직계 조상인 호모 사피엔스의 식단을 간단명료하게 설명하려다 보면 다양성을 간과하는 오류를 범하기 쉽다.

물론 다양성을 염두에 두고도 이전의 고인류들과 두드러지게 달라진 요소를 부각해볼 수 있다. 가장 두드러진 차이점은 앞서 언급한 해산물 섭취의 증가다. 네안데르탈인도 조개류와 해양 포유류를 먹었다는 증거가 있지만, 호모 사피엔스에 비하면 그 비중이 매우 적었다. 앞 장 「바다를 건넌 사람들」에서 이야기한 것처럼 호모 사피엔스는 전 세계로 확산하는 과정에서 필연적으로 바다를 건너야 했다. 그 과정에서 자연스레 해양생물을 접할 기회도 늘어났을 것이다. 동시에 물속 깊은 곳에 사는 보이지 않는 사냥감을 포획할 수 있을 만큼의 지적인 성장도 뒷받침되었을 것이다. 바다뿐만이 아니었다. 이스라엘의 갈릴리호수나 요르단강 주변 여러 유적에는 인간이 민물 어류 섭취를 기반으로 정착에 가까운 주거생활을 시작했다는 고고학적 증거들이 남아 있다.

계절의 변화나 기후 변동에 따라 동물들과 함께 이동하던 수렵채집인들이 어부가 되면서 점차 호수나 바닷가에 정착하기 시작했다. 농경의 기원이라고 할 만한 증거도 어부들의 유적 주변에서 처음 확인했다. 2만 3000년 전, 갈릴리호수 근처의 오할로2 유적에서는 그물추를 비롯해 그들이 확실히 어부였음을 보여주는 증거들이 발굴되었다. 동시에 야생 밀과 보리, 귀리 등 13종의 곡물을 재배한 흔적과 수확에 사용한 석기도 함께 나왔다. 야생 곡물을 길들이기 시작했다면 원시적 목축이나 주거지 근처의 과실수 관리도 병행했을 개연성이 크다. 이 시기 이후 유럽의 여러 유적에서 곡식을 갈 때 사용한 갈돌과 갈판이 출토되기 시작하여 농경의 비중이 서서히 확대되고 있음을 보여준다.

신석기혁명의 의의는 무엇일까?

호모 사피엔스들의 식단에 새로 추가된 물고기와 곡물은 결과적으로 새로운 시대를 여는 원동력이 됐다. 이른바 '신석기시대'다. 구석기인들이 어로와 원시 농경을 시작한 지 1만 년이 훌쩍 지난 뒤에야 인간은 더 이상 식량을 구하기

동유럽의 여러
유적에서 출토된
구석기시대 갈돌.
왼쪽 갈돌의 길이
7센티미터.

위해 돌아다니지 않아도 되는 시대를 맞이했다. 일반적으로
신석기시대 인간의 생활방식을 설명할 때 스스로 먹을 것
을 길러내는 생산경제로의 전환을 새로운 시대의 핵심 개
념으로 제시한다. 이에 따라 식단도 재배하거나 사육할 수
있는 것들로 급격히 바뀌었다.

　현재 우리의 식단은 이 시기부터 천천히 형성되었다. 식
량자원을 재배와 사육을 통해 획득하게 된 변화에는 커다
란 장점과 단점이 공존했다. 가장 큰 장점은 바로 식량의 예
측 가능하고 안정적인 확보였다. 이렇게 되기까지 인간은
1만 년이 넘는 시간 동안 야생 곡물을 관찰하고 길들이면서
재배와 수확, 가공 및 조리 기술을 꾸준히 발전시켰다. 농경
기반의 정착생활은 수렵채집생활에 비해 상대적으로 안정

된 식생활을 유지할 수 있게 했다. 신석기시대가 되면서 나타나는 급격한 인구 증가 현상도 식생활이 안정된 결과로 이해할 수 있다. 대개는 '신석기혁명'을 언급할 때 농경과 목축을 주로 언급하지만, 앞서의 과정을 이해한다면 어로의 중요성 또한 기억해야 한다.

　민족지 연구 자료를 참고로 추정해보면, 구석기시대의 사냥이나 채집은 대체로 소규모 집단노동 형태로 이루어졌을 것이다. 반면 신석기시대의 농경은 보다 규모가 크고 철저한 집단노동을 기반으로 할 수밖에 없다. 곡물의 성장 주기에 맞추어 일정한 기간 동안 상당한 노동력을 꾸준히 투자해야 결실을 얻을 수 있기 때문이다.

　이러한 점에 주목하여 저명한 인류학자인 마셜 살린스는 신석기혁명은 현대 자본주의와 성장주의 경제관을 정당화하기 위해 신고전 경제학파가 만들어낸 신화에 불과하다고 비판한 바 있다. 그는 신석기혁명 이후부터 인류는 노동에 시달리기 시작했고, 문명의 발달과 반비례해서 개인의 삶의 질은 낮아졌으며, 도구로부터 도움을 얻기는커녕 인간이 오히려 기계를 보조하는 삶이 되어버렸다고 통찰했다. 이 관점은 유발 하라리를 비롯한 다양한 분야의 연구자들에게 계승되었으며, 최근에는 우리나라 정규 교과 과정에서도 다루어지고 있다.

　지구 곳곳에는 여전히 '신석기혁명'을 거부한 채 자연에

의지하는 소수의 수렵채집민이 살고 있지만, 절대 다수를
점하는 현대인의 식생활에서는 농업과 목축, 어로가 굳건하
게 근간을 이루고 있다. 대부분의 인간이 먹고사는 일에서
불안한 자유를 느끼기보다 어느 정도 구속되더라도 안정감
을 갖는 것을 더 중요하게 생각하기 때문은 아닐까.

생명 연장의 대가

구석기인들의 식생활 ③

두 번째 식이 전환기의 현대인류

농경은 현대 호모 사피엔스 식단의 핵심 요소다. 생존을 위해 무엇이든 식용화해온 인간이 긴 시간을 거치면서 최종적으로 선택한 방식은 곡물 중심의 채식 식단이다. 개개인 모두가 그것을 원해서였든, 혹은 집단의 생존을 추구하는 과정에서 더욱 강화된 것이든, 이제 곡물은 지구상 어디에서든 가장 손쉽게 구할 수 있는 식재료가 됐다. 다시 말해서 곡물 중심의 채식은 대규모 인간 집단을 가장 안정적으로 유지할 수 있는 식단이다.

'채식'이라고 말했지만 그 정체를 조금 더 들여다볼 필요가 있다. 주지하듯 채식은 생태계 먹이사슬의 아래쪽에 위치한 동물들의 식이 형태다. 그리고 초식동물은 육식동물의 먹이가 되는 것이 자연 생태계의 순환 방식이다. 인간 역시 진화 초기에는 90퍼센트 이상의 비중으로 채식에 의존했다. 스와르트크란스 유적의 고인류 머리뼈에 선명하게 남아 있는 표범 송곳니의 흔적은 먹이사슬에서 초기 인간의 위치를 잘 보여준다. 이후 진화 과정에서 도구를 개량하면서 육식 비중이 점진적으로 늘어났는데, 육식의 비중이 90퍼센트에 육박했던 네안데르탈인을 제외하면, 구석기시대 마지막 단계에는 육식과 채식의 비율이 6 대 4 정도였다. 한편 농경이 중심이 되는 신석기시대로 접어들고 식탁을 재배 곡물로 채우기 시작하면서 채식의 비중은 다시 초기 인류의 수준으로 급등했다. 근대 이후 대규모 목축업이 성장함에 따라 육식 비중이 증가했지만, 그렇다 하더라도 20퍼센트를 넘는 경우는 드물다. 이렇게 통계상의 수치는 식단에서 육식과 채식의 비중이 변화하는 과정을 잘 보여준다. 하지만 식단의 본질적인 변화를 이해하기 위해서는 시간의 흐름에 따른 식재료의 질적 변화까지 함께 관찰해야 한다.

인간의 식단은 과거 호모 에렉투스 시기에 대규모의 변화를 한 차례 거쳤다. 단순히 육식 비중의 증가를 말하는 것이 아니다. 인간의 활동 무대가 전에 없던 규모로 확장됨으로써 식재료가 다채로워졌으며, 불을 사용해 조리함으로써 동일한 식재료에서 전혀 다른 영양학적 효과를 얻게 됐다. 이것을 '1차 식이 전환기'라고 한다면, '2차 식이 전환기'는 바로 지금이다. 이번 전환의 본질은 대규모 농경에 의한 곡물 중심의 채식 증가 현상이 아니다. 곡물을 비롯한 거의 대부분의 식재료들을 극도로 정제하거나 개량함으로써 식재료 전반에서 질적 변화가 일어났다. 식물유전학의 발달 결과 이제는 품종 개량이 유전자 수준에서 이루어지고 있다. 더불어 유통하고 소비하기 쉽도록 가공기술이 지속적으로 개발되면서 같은 식재료를 사용하더라도 과거와 동일한 것을 섭취한다고 보기 어려워졌다.

대표적인 예가 바로 주식이 된 곡물의 변화다. 원시 곡물은 자연상태에서 식재료를 채집하는 방식이었으나, 정착 과정에서 차츰 그 생태를 관찰하고 이해한 끝에 인류는 1만 년 전쯤에 재배 단계로 진입했다. 농경 초기에는 갈돌을 사용해 통곡물을 껍질째 갈아서 섭취했다. 그러다 절구나 방아를 이용한 도정법을 개발해 기계화 이전까지 활용했다. 근대로 접어들면서 도정기술은 비약적으로 발전했다. 우리나라의 경우 최근인 1960년대에 공장형 도정기가 도입되면서 섬유질을 완전히 제거한 상태로 곡물을 섭취하기 시작했다.

20세기 이후 정제기술이 발전함에 따라 현대인은 면과 빵, 시리얼처럼 식이섬유가 제거된 순수 탄수화물 상태로 곡물을 대량 섭취하고 있다. 껍질을 완전히 제거하면 식감은 부드러워지지만, 껍질에 포함된 다양한 미네랄을 흡수하지 못해 영양 불균형이 생긴다. 그 밖에도 유전자 변형 식품과 과도하게 당분을 높인 과일은 그 이름만 같을 뿐 더 이상 과거의 호모 사피엔스가 먹던 자연산 식재료가 아니다.

진화의 마지막 순간에 등장한 존재, 노인

고기의 생산 및 섭취 방식도 과거와 완전히 달라졌다. 현대
식 축산은 가축을 좁은 우리에 가둔 채 다량의 먹이를 공급
하여 단기간에 성장시킨다. 이와 같은 방식으로 기르는 동
물은 자연상태의 동물이나 방목으로 기른 동물에 비해 약
두 배 가까이 빠르게 성장한다. 성장호르몬과 비육* 사료를
추가하면 그 속도가 다섯 배 가까이 빨라진다. 공장식 축사
에서 자란 소와 자연에 방목하여 기른 소를 과연 같은 소라
고 말할 수 있을까? 단적인 예로 야생 소와 방목 소의 지방
에는 사육된 소에 비해 세 배에서 다섯 배 많은 불포화지방
산이 포함되어 있다. 이것은 지금 우리가 섭취하고 있는 고
기를 구석기시대의 고기와 비교하기 어렵게 하는 여러 지
표들 중 하나다.

　목축의 부산물로 얻게 된 가축의 젖도 구석기시대에는
구할 수 없었던 식량자원이다. 인간은 유아기에 모유를 섭
취하고 소화할 수 있지만 일정 시기가 지나면 유당 분해효
소를 상실한다(그 시기가 지나면 더 이상 젖을 소화할 수 없다는
뜻이다). 이것은 순서대로 태어난 아이들이 모유 경쟁을 하
지 않게 한 진화적 적응으로 해석된다. 그러나 근대 이후 유
럽에서 축산업이 발전하면서 성인이 되어도 유당 분해효소
를 유지하는 사람들이 급증했다. 큰 기근이 닥쳤을 때 우유
를 소화할 수 있는 사람들의 생존율이 높았던 결과라고 한

*
肥育. 도축을 목적으로
살찌워 기르는 축산
방식.

다. 하지만 다른 포유류의 젖이 인간에게 미칠 영향은 여전히 미지수다. 우유를 장기 보존하는 과정에서 파생된 수많은 유제품도 인간의 건강에 어떤 결과를 초래할지 알 수 없는 생소한 식재료다.

이상의 곡물과 육류의 변화는 식재료 전반의 변화 양상 중 극히 일부분에 지나지 않는다. 식재료를 기르는 과정뿐만 아니라 조리 방법도 변하고 있다. 식재료를 물리화학적 방법으로 완전히 재조합하는 분자요리molecular gastronomy도 그러한 경향 중 하나다. 단순히 굽고 튀기고 삶는 전통적 요리법에도 다양한 소스가 추가되고 있다. 그 소스의 원료에도 신진대사에 미칠 영향이 불확실한 것들이 상당량 섞여 있다. 이와 같은 변화 속에서 현대인의 건강을 위해 구석기 식단으로 돌아가야 한다고 외치는 사람들이 증가하고 있는 것은 어쩌면 당연한 현상이다. 하지만 안타깝게도 인류가 구석기 식단으로 돌아갈 수 있는 방법은 이 세상에 존재하지 않는다. 가장 기본인 식재료조차 더 이상 예전과 같은 상태가 아니기 때문이다.

식재료의 변화와 함께 반드시 참고해야 하는 강력한 변수가 하나 더 있다. 바로 수명이다. 호모 사피엔스의 등장 이후 인류의 평균수명에 괄목할 만한 변화가 생겼다. 오스트랄로피테쿠스부터 호모 사피엔스에 이르기까지 총 768개체의 화석을 모아놓고 치아의 성장 정도를 분석하여

'젊은 성인younger adults 대 노인older adults'의 비율을 조사한
결과, 젊은 성인 100명당 노인 인구 수가 오스트랄로피테
쿠스군이 12명, 호모 에렉투스군이 25명, 네안데르탈군이
39명이었음에 비해 초기 호모 사피엔스군은 208명으로 나
타났다. 우리는 고령화를 현대의 특이 현상으로 인식하고
있지만, 이 현상은 이미 4만 년 전에 시작된 것이다. 각각의
수치는 화석 개체의 자연수명을 반영하는 것일 수도 있고,
더 오래된 개체일수록 낮은 먹이사슬의 위치로 인해 사고
사 비율이 높았던 상황이 반영된 것일 수도 있다. 따라서 개
별 수치보다는 수치의 추세에 주목할 필요가 있다.

연구자들은 초기 인류의 평균수명 증가는 노인이 식량
채집에 참여하거나 손주의 돌봄을 담당하여 결과적으로 집
단의 생존 가능성을 높이는 데 긍정적 역할을 했기 때문이
라고 본다. 특히 다른 포유류와 달리 인간 여성은 완경 이후
에도 오랫동안 생존한다. 이것에 주목하여 호모 에렉투스
단계에 제시되었던 '할머니 가설grandmother hypothesis'은 수
명 증가가 인간의 진화에 긍정적 영향을 주었음을 주장하
는 사례 중 하나다.

하지만 식이와 관련해서는 꼭 그렇지만은 않다. 수명이
길지 않았던 과거에는 노년기에 여러 질환을 앓는 경우가
매우 드물었지만 장수 사회로 접어들면서 이것은 일반적인
문제로 부각된 측면이 있기 때문이다. 단적인 예가 대사중

후군으로 총칭되는 성인병이다. 이 질병은 평균수명이 30~
40세이던 시대에는 희귀병에 속했을 것이다. 하지만 현대
의 초고령사회에서는 만연한 문제로 떠올랐다.

그 누구도 인간의 미래를 알 수 없다

다시 처음으로 돌아가보자. 구석기시대의 식생활을 기초로
한 건강한 식단의 복원은 앞에서 이야기한 이유들로 인해
사실상 불가능한 일이 되었다. 그렇지만 방법이 아주 없는
것은 아니다. 만일 구석기 식단이 정말 건강한 것이라면 구
석기시대 이후, 즉 본격적인 농경 개시 이후 먹기 시작한 것
들을 주의 깊게 검토하는 작업이 필요하다. 예컨대 우리의
식단에서 과다해진 곡물의 양과 비정상적으로 비육된 고기,
인간 이외의 포유류 젖과 그로부터 유래된 다양한 유제품
들, 산업화 이후의 정제기술로 만든 각종 조리용 기름이나
설탕, 소스, 식품첨가물 등이 그 대상이다. 다만 이런 것들이
현대의 식탁을 뒤덮고 있으므로 건강한 식단이 무엇인지
안다고 하더라도 간단히 바꿀 수 있는 문제는 아니다.

우리가 파악하고 있는 구석기 식단의 정체가 얼마나 사
실에 가까운 것인지도 의심해봐야 한다. 땅속에서 아주 오
랜 시간을 견딘 것들만 발굴을 통해 고고학자들에게 확인
된다. 그러니 당연하게도 당시의 전모를 알 도리는 없다. 마

찬가지로 뼈와 치아를 통한 과학적 분석의 결과도 그 개체
가 섭취한 식단 전체가 아니라, 신체의 물리적 조직 성장에
기여한 성분만 알려줄 뿐이다. 최근 초식동물 연구에 따르
면 동일한 먹이를 섭취했음에도 종에 따라 상이한 동위원
소가 측정될 수 있다고 한다. 따라서 현재 우리가 믿고 있는
데이터 역시 언젠가는 오류로 판명될 여지가 있다. 불충분
한 지식으로 구석기 식단을 단정하고 추종한다면 결국 또
다른 오류를 범하게 될지도 모른다.

신석기시대의 급격한 인구 증가는 농경의 초기 효과가
집단을 유지하는 데에 꽤나 긍정적이었음을 보여주는 지표
다. 하지만 곡물 종자의 개량과 목축의 확대, 가공기술의 발
달, 수명의 극적 증가로 인해 지금 우리는 또 다른 국면으로
접어들었다. 아주 단순하게는 일상적인 곡물 섭취가 희귀병
이었던 충치를 거의 모든 사람이 겪는 질병으로 바꾸어놓
았다. 초가공식품 섭취가 증가하면서 대사증후군이 만연해
지고, 가축을 가까이하면서 각종 인수공통전염병이 창궐한
것도 예상치 못한 위험이다. 이런 일들은 인간의 진화 과정
에서 경험한 적 없는 낯선 현상이기 때문에 '문제'로 인식
되기 쉽다.

진화에는 일정한 방향성이 없다. 이것은 언제나 새롭고
다양한 조건을 맞닥뜨리는 과정이다. 유럽에서 기근이 지나
간 다음에 유당 분해효소를 가진 성인이 급증했듯, '문제'로

인식되는 새로운 현상들은 그것에 적합한 유전자를 갖고 있는 소수의 개체들을 다수로 바꿔놓기도 한다. 즉 탄수화물을 마음껏 먹어도 대사 문제를 겪지 않는 소수의 돌연변이 유전자가 미래 인류의 새 주역으로 등장할 수도 있다. 혹은 지금까지 그래왔듯 인간 스스로 새로운 도구를 만들어 '문제'를 제거하고 또 한 번 도약할 수도 있다. 실제로 대사 증후군의 대표 질환 중 하나인 당뇨 치료제로 개발된 메트포르민metformin에 수명 연장의 효과가 있다는 것이 밝혀져서 이후 장수 물질로 연구되고 있는 사례를 들 수 있다. 그러나 최악의 경우에는 이 '문제'들이 결국은 인간을 멸종의 길로 데려갈지도 모른다.

"곡식을 재배하기 시작한 인류는 결국 문명의
주인공으로 선택됐다. 그러나 그 끝에
어떤 결말이 기다리고 있을지 우리는 알지 못한다."

간석기에 얽힌 오래된 오해

구석기시대의 신석기

통설을 뒤집는 고고학 증거

현행 표준국어대사전은 구석기시대를 "신석기시대에 앞선 석기시대… 구석기 및 골각기(뼈 도구)를 사용"한 시기로 설명한다. 신석기시대는 "문화 발전 단계에서 구석기시대의 다음, 금속기 사용 이전의 시대… 간석기와 골각기(뼈 도구)를 사용"했다고 되어 있다. 언어 사전이지만 당연히 고고학 분야의 연구 성과를 참조하여 작성되었을 것이다. 하지만 이 설명은 과연 얼마나 정확할까?

구석기시대라는 용어 자체가 그 시대에 '구식' 석기를, 신석기시대는 '신식' 석기를 사용했을 것이라는 인상을 준다. 그래서일까, 구석기시대에는 '원시'적인 뗀석기를 사용했고 신석기시대에는 '세련'된 간석기를 사용했다는 인식이 널리 공유되어 있다. 현행 중등 역사 교과서에도 이와 비슷한 내용이 실려 있다. 하지만 실제 현실은 상당히 다르다. 아니, 다르다는 것을 서서히 알게 됐다. 깨뜨렸느냐, 갈았느

냐와 같은 석기 제작기술로는 두 시기를 제대로 구분하기 어렵다. 소위 신식 석기라고 생각되는 간석기에 대한 오해를 정리해보자.

지금까지 발견된 간석기 중에서 가장 오래된 것은 무려 6만 5000년 전에 만들어졌다. 신석기시대의 시작을 아무리 빨리 잡아도 1만 2000년 전쯤이니, 최초의 간석기는 그보다 5만 년 이상 앞선 시기에 등장했다. 그 무대는 오스트레일리아 북서부의 해안지대로, 동남아시아의 소순다열도(인도네시아 자바섬 동쪽)를 통해 오스트레일리아로 진입했던 최초의 사람들이 살던 유적이 이 일대에 다수 남아 있다. 대륙 북단부에 있는 마제드베베 유적도 그중 하나다. 오스트레일리아에서 가장 오래된 인간 거주의 흔적으로 여겨지는 이 유적에서 날 양쪽을 간 도끼와 숫돌, 한 면 혹은 두 면을 간 격지들, 노란색과 붉은색의 안료 덩어리 등이 함께 발견되었다. 다만 6만 5000년이라는 절대연대가 층위 교란의 결과일 수도 있어서, 검토의 여지가 남아 있다.

마제드베베에서 남서부로 약 1000킬로미터 떨어진 카펜더스갭1 유적에서도 간석기가 출토되었다. 해안에서 멀지 않은 곳에 있는 바위그늘 유적인데, 여기에서 날 부분을 정교하게 간 현무암제 도끼가 발견됐다. 약 4만 7000년 전에 제작된 이 도끼는 연대 논란이 있는 마제드베베 도끼를 제외하면 세계에서 가장 오래된 간돌도끼다. 이처럼 간돌도끼가 일찍부터 오스트레일리아의 북부에서 나타나는 현상에 대해서 '이 지역 초기 정착민들이 벌목과 같은 목재 가공 작업에 특화된 집단'이었다는 주장이 제기됐다. 이 일대에서는 일찍부터 바다를 건너거나 어로 활동에 필요한 원시적 배를 만들었으며, 이 과정에서 대나무 등의 목재를 활발히 가공하기 시작했을 것으로 추정된다. 그 결과로서 목공에 특화된 도구인 간돌도끼가 개발되었다는 가설은 충분히 설득력 있다.

간돌도끼, 구석기인들의 신석기

전라남도 장흥군 신북 구석기시대 유적에서 출토된 간돌도끼. 길이 10.4센티미터.

아시아에서도 구석기시대의 간석기 발견이 꾸준히 증가하고 있다. 일본열도는 지금으로부터 3만 8000년 전에 아시아에서 가장 먼저 간석기가 출현한 지역이다. 현재까지의 출토량 역시 가장 많다(일본 전국에서 800점 이상 출토). 한국은 2만 5000년 전 무렵부터 전라북도 임실군 하가 유적, 전라남도 순천시 월평 유적, 경상남도 진주시 장흥 유적, 전라남도 장흥군 신북 유적 등에서 간돌도끼와 숫돌, 갈돌류 등이 소량 제작됐다. 신북 유적의 숫돌에는 간돌도끼를 사용하는 과정에서 날을 반복적으로 간 결과 도끼날과 같은 폭의 홈이 양쪽으로 남아 있다. 중국의 경우도 광시성과 저장성 같은 남부 지역에서 약 2만 년 전 이후의 간돌도끼가 10여 점 발견됐다.

동아시아의 구석기시대 기술적 요소들은 일반적으로 북쪽에서 남쪽으로 확산됐지만, 간석기는 그에 역행하는 연대분포를 보여준다. 따라서 간석기문화는 동남아시아의 열도 등을 통해 해양을 이동한 소위 남방계 집단과 관련이 있을 가능성이 높다. 구석기시대의 간돌도끼 분포권이 '오스트레일리아 북부-중국 남부-한반도 남부-일본열도' 등 주로 서태평양 연안에 몰려 있는 점이 그러한 추정을 뒷받침한다. 모계로 유전되는 미토콘드리아DNA 하플로그룹* 중 M9a'b의 분포권이 간돌도끼 분포권과 상당히 유사하다는 분자생물학의 연구 결과 역시 간돌도끼에 대한 고고학 연구 성과와 잘 합치한다. 이처럼 여러 증거들이 아프리카를 출발한 호모 사피엔스들 중 일부 그룹이 오세아니아와 서태평양 연안을 따라 동쪽으로 이동했고, 그들이 바로 간돌도끼를 만들고 사용한 집단이었음을 가리키고 있다.

유럽은 간석기의 양상과 출현 시기가 오세아니아 및 아시아 지역과 사뭇 다르다. 단순히 '인위적으로 갈린 것'만으로 간석기를 정의한다면 유럽에서 출토된 안료를 단연코 이른 시기의 간석기로 거론할 수 있다. 블롬보스동굴에서 출토된 매끈하게 갈린 안료는 지금으로부터 무려 7만

*
분자 진화 연구에서
인간의 혈통, 기원,
염기서열 등을
분석해서 같은
집단끼리 묶어놓은
분류 기준이다.

프랑스의
구석기시대 등잔들.
ⓐⓑ솔비유
(ⓐ는 길이
23.1센티미터,
ⓑ는 길이
16.7센티미터),
ⓒ라무트동굴
(길이 17.1 센티미터),
ⓓ라스코동굴(길이
22.4센티미터)에서
출토.

7000년 전의 유물이다. 이 외에도 안료를 분쇄할 때 사용한 다양한 형태의 갈돌류, 뼈 도구와 상아 조각품 등을 만드는 데 사용한 일종의 숫돌류 등에서 갈린 자국을 어렵지 않게 확인할 수 있다. 하지만 간 흔적이 남아 있는 안료나 갈돌 등은 다른 목적의 작업 과정에서 나온 2차 결과물이다. 그러니까 초기의 간석기는 마연기술을 도구 제작에 능동적으로 사용한 결과물이 아니라 부산물에 가까웠다. 따라서 이에 대해서는 마연기술의 시원이라는 의미 정도만 부여할 수 있다.

2만 년 전 무렵부터 등잔과 각종 예술품을 만드는 과정에서 마연기술이 폭넓게 활용되기 시작했다. 특히 동굴 내부에서 발견된 등잔은 마연기술이 높은 수준에 도달했음을 보여준다. 등잔은 전혀 가공되지 않은 것부터 연료를 담는 부분만 ⓐ전체를 쪼아서 만든 것, ⓑ거칠게 다듬은 뒤 오목한 부분을 갈아서 만든 것, ⓒ전체를 갈아서 완성한 것, ⓓ

전체를 갈고 손잡이에 문양까지 넣은 것 등 다양한 가공 기술을 보여주고 있다. 특히 잘 만든 등잔의 경우에는 비너스나 벽화 같은 예술품과 동일한 수준의 제작기술과 정성이 적용되어, 2만 년 전부터 인간이 필요에 따라 마연 기술을 차별적으로 사용했음을 보여준다.

정의가 곧 진리는 아니다

한편 간석기는 아니지만, 약 2만 년 전 전후의 유적인 러시아의 코스텐키를 비롯해 동유럽의 여러 유적에서 출토된 갈린 자국을 가진 석기를 분석한 결과도 상당히 흥미롭다. 사용된 석재는 사암과 규암이 대부분이고 일부는 점판암과 석회암으로 만들었다. 외형을 인위적으로 변형하거나 가공한 것은 아니지만, 공통적으로 어느 한 면에 뚜렷하게 갈린 흔적이 있다. 넓적한 갈판과 길쭉한 갈돌의 모습을 한 것도 있고 공이 모양을 한 것도 있다. 사용흔과 잔존 유기물 분석*에 의하면 약 30퍼센트는 안료 가공의 결과이고 나머지 70퍼센트는 식물성 섬유질 가공과 관련된 작업의 흔적이다. 안료와 관련된 가공 작업은 이미 오래전부터 존재해온 것이지만, 70퍼센트를 차지하고 있는 식물 섬유질의 가공은 새로 등장한 현상이다. 현미경 관찰에 의해 주로 야생 벼과 식물의 가공, 혹은 늪지 식물인 부들의 뿌리에서 전분

*
고고학적 자료에 남아 있는 동식물의 흔적을 분석하는 기술. 미량의 흔적만으로도 원료의 성분과 산지를 찾아낼 수 있으며, 동식물의 종이나 유전자를 검출하여 과거의 환경과 생활 모습 복원에 활용할 수 있다.

을 추출하는 작업 등을 했음을 확인했다. 야생 곡물을 가공할 때 쓰는 도구는 이보다 더 앞선, 이탈리아 중부 토스카나주에 있는 약 2만 5000년 전 빌란치노 유적에서도 확인된 적 있다. 구석기인들이 식물의 열매나 뿌리를 그대로 먹기도 했지만, 아주 오래전부터 정제 과정을 거친 탄수화물 형태로도 섭취했음을 보여주는 자료다. 지금까지는 곡물을 정제 및 가공한 것을 신석기시대 이후의 사건으로 여겼지만, 이제는 정제 탄수화물의 기원을 구석기시대로 올려 잡아도 될 것 같다.

구석기시대와 신석기시대를 처음 구분하고 정의한 사람은 존 러벅이다. 그는 1865년 『선사시대Pre-Historic Times』에서 인간이 매머드, 동굴곰, 털코뿔소, 기타 멸종된 동물들과 함께 생활한 시기를 구석기시대로 구분하고 이후에 시작된 '간석기의 시대polished Stone Age'를 신석기시대라고 정의했다. 그가 제안한 개념이 선사고고학 연구의 틀이 된 것은 분명하지만, 이후 발견된 많은 자료들은 시대의 명칭과 세부적인 기준에 대한 수정이 필요하다고 말하고 있다. 이제 최소한 '간석기시대가 곧 신석기시대'라는 등식은 성립하지 않는다.

마치며

지금까지 이 책에서 언급한 구석기시대 인류와 우리 사이
에는 최대 수백만 년에서 최소 수만 년 이상의 시간차가 존
재한다. 그렇기 때문에 그들이 남긴 흔적에는 우리로서는
완전히 이해할 수 없는 부분이 많다. 해가 닿지 않는 동굴
속 깊숙한 곳까지 1룩스도 되지 않는 등잔을 들고 들어가
화려하고 역동적인 벽화를 그렸던 이유, 유럽뿐만이 아니라
아시아와 오세아니아, 아메리카 대륙 곳곳에 벽화와 암각
화를 남긴 이유, 뼈를 갈아서 피리를 만들고 그것으로 동굴
안에서 음악을 연주했던 이유, 눈에 보이는 것 이상의 상징
적 의미를 부여한 장신구들을 사용했던 이유 등이 그렇다.
그동안 다수의 연구자들에 의해 다양한 가설이 제시되었을
뿐이다. 다만 한 가지 분명한 것은 이런 것들이 나타나던 무
렵부터 인간은 '물리적 세계'가 아니라 '정신적 세계'라는
완전히 새로운 세계를 창조하기 시작했다는 점이다. 그들이
벽화를 그리던 깊숙한 동굴은 현실과는 다른 또 하나의 세

계였을 것이다. 그래서 그것들을 일종의 신화적 상상력의 표현이라고 해석하는 견해도 있다.

그들만의 상상력이 충만하게 구현된 일종의 가상세계 안에서 구석기인들은 자신을 새롭게 정의하고 외부 세계와의 관계도 재정립했을 것이다. 그곳은 신화가 창조되는 순간이자 공간이었다. 수만 년 전에 은밀하게 시작된 가상세계는 문명이 번성하는 지금도 세계 곳곳에서 새롭게 창조되고 있다. 신화의 버전만 달라졌을 뿐이다. 그때와 달리 지금은 깊숙한 동굴을 찾아 들어갈 필요 없이, 실감 넘치는 메타버스에서 가상세계를 만들 수 있다. 지금도 인간은 각자의 신화적 세계를 꿈꾸고 동경한다. 현대의 혼합현실mixed reality, MR 중 일부는 어쩌면 과거 그들이 꿈꾸던 신화 속 세계가 아니었을까 생각해본다.

흥미롭게도 비슷한 시기에 호모 사피엔스들이 전 세계로 삶터를 확대하기 시작했다. 이전에는 도저히 갈 수 없었던 혹한의 극지방에 도달했고, 빙상으로 연결된 베링해와 깊은 바다를 건너 아메리카와 오세아니아 대륙까지 진출했다. 아무리 높은 산도 그들을 가로막지 못했고, 아무리 깊은 바다도 그들을 멈춰 세울 수 없었다. 이들은 곧 전 세계의 크고 작은 대부분의 섬들에 도달했고, 그 과정에서 또 하나의 광활한 세계인 해양자원에 눈을 떴다. 속이 보이지 않는 바다에 낚싯바늘과 그물을 던지자 물고기가 걸려 올라오는 장

면은 경이로웠을 것이다. 망망한 설원 저편, 바다 건너 아스
라이 보이는 낯선 땅에 무엇이 있을지 상상하지 않았다면
결코 그곳에 닿을 수 없었을 것이다. 인간은 무한한 상상력
과 그 상상에 닿고자 애써 고안해낸 도구의 힘으로 이 모든
일을 이룰 수 있었다.

이처럼 문화적으로는 회화, 음악, 상징, 기호 등이 한꺼번
에 등장했고, 기술적으로는 전에 없던 분야를 개척하는 과
정에서 정교하거나 거대한 도구들이 출현했다. 한편 어로와
정착, 곡물의 재배와 마연기술 등 앞으로 맞이하게 될 새로
운 시대를 예고하는 변화도 이 시기에 싹텄다. 지금부터 약
4만 년 전부터 1만 년 전 사이에 한꺼번에 나타난 이러한
변화들을 한마디로 요약하면, 문명과 문화의 '출발점' 혹은
'버전 1.0'이라고 할 수 있다. 오랜 시간에 걸쳐 누적된 신체
진화와 도구 발달의 에너지가 일종의 임계점에 도달했고,
그것이 호모 사피엔스에 의해 본격적으로 발현되기 시작한
시기로 평가할 수 있다.

화석 자료와 고고학 자료는 지금까지 최소 20여 종 이상
의 고인류들이 나타났다가 멸종했으며, 그 과정에서 끊임없
이 새로운 도구를 개발하고 개량했다는 사실을 보여준다.
발전론적 입장에서 본다면 시간이 갈수록 더 좋은 상태가
될 것이다. 진화의 역사가 반드시 다 그런 건 아니었지만,
그럼에도 인간과 도구의 역사는 발전론적 관점에 보다 더

부합한다. 연이어서 다른 종이 출현했지만 앞선 종들의 지
식과 정보가 연속적으로 축적된 것은 서로 다른 종들의 관
계가 배타적이지만은 않았기 때문이었을 것이다.

긴 역사를 통해 현대의 호모 사피엔스는 이전의 어떤 조
상 인류도 가진 적 없는 매우 특별한 재능을 갖게 됐다. 바
로 길고 긴 과거를 한꺼번에 조망하는 능력이다. 가깝게는
인간이 발명한 기호나 문자로 기록된 정보를 확보했고, 멀
리는 과학기술의 발달로 지구와 우주의 까마득한 역사까지
도 추론할 수 있게 됐다. 그리고 이제는 현재의 우리도 앞서
살았던 다른 종들과 마찬가지로 반드시 멸종의 길에 이를
것이라고 예측하고 있다.

고고학을 비롯해 다양한 분야의 학문이 인간과 자연을
깊이 탐구하여 거둔 성과 중 하나가 "우리는 반드시 멸종한
다"라는 명제다. 짧디짧은 개인의 삶을 넘어서 영속할 것이
라고 생각했던 유전자조차도 일개 종 단위의 그리 길지 않
은 생애를 살 뿐이라는 사실을 알게 되었다. 그렇다고 해서
개인이나 일개 종 유전자의 생애가 무가치한 것은 아니다.
그 역시 현재를 이루고 있는 토대의 일부이기 때문이다. 그
런 면에서 이미 소용을 다하고 버려진 수만 년 전의 보잘것
없는 돌조각, 뼈피리나 조가비 목걸이, 황토 안료 덩어리 등
은 지극히 소중한 역사의 증거가 아닐 수 없다. 서툴고 조악
한 시작이었지만, 그것들이 차곡차곡 쌓여 우리의 일부가

되었기 때문이다.

이 책을 관통하는 주제는 '해부학적 현대인'의 특징이었다. AMHAnatomically Modern Human라고도 부르는 해부학적 현대인은 초기 호모 사피엔스를 칭하는 용어다. 약 30만 년 전에 등장한 AMH는 우리 종의 직접적인 조상이다.

우리가 스스로에게 붙인 종의 이름은 '현명한 인간Homo Sapiens'이다. 다소 쑥스러운 이 학명이 어떤 연유로 작명되었는지 이 책을 통해 조금은 엿볼 수 있었을 것이다. 이전의 종들에 비해서 '상대적으로' 현명하다는 뜻이다. 우리의 뒤를 잇는 새로운 종이 나타난다면 그들 역시 우리가 멸종한 이유를 찾고, 우리의 특징을 분석하는 일을 반복할지도 모른다. 그렇지만 그들도 결국 우리가 만든 토대 위에서 살게 될 것임은 분명하다. 즉 모든 종이 '우리'라는 말이다. 좀 더 넓게는 지구 안에서 영향을 주고받으며 살고 있는 모든 생명이 '우리'다.

2025년 1월

김상태

참고문헌

등잔의 기원

Abbé André Glory, Le brûloir de Lascaux, *Gallia Préhistoire Annee*, 1961, pp. 174~183.

Beaune, S., De la domestication du feu aux premières lampes, *Nouveautés Lychnologiques*, 2003.

Cheynier, A., Stratigraphie de l'abri Lachaud et le cultures des bords abattus, *Archivo de Prehistoria Levantina* 4, 1953.

M. Ángeles Medina-Alcaide·Diego Garate·Iñaki Intxaurbe·José L. Sanchidrián·Olivia Rivero·Catherine Ferrier·M. Dolores Mesa·Jaime Pereña·Iñaki Líbano, The conquest of the dark spaces: An experimental approach to lighting systems in Paleolithic caves, *PLoS ONE* 16(6): e0250497, 2021.

Rivière Émile, La lampe en grès de la grotte de La Mouthe (Dordogne), *Bulletins de la Société d'anthropologie de Paris* 10, 1899, pp. 554~563.

Sophie A. de Beaune·White Randall, Ice Age Lamps, *Scientific American* 266(3), 1993, pp. 108~113.

Viré Armand, Les Lampes du Quaternaire moyen et leur bibliographie, *Bulletin de la Société préhistorique de France* 31(11), 1934, pp. 517~520.

안료의 발견

더글라스 프라이스·제임스 버턴, 곽승기 옮김, 『화학고고학』, 한강문화재연구원 학술총서 15, 사회평론아카데미, 2023.

Alison S. Brooks·John E. Yellen·Richard Potts·Anna K. Behrensmeyer·Alan L. Deino·David E. Leslie·Stanley H. Ambrose·R. Ferguson·Francesco d'Errico·Andrew M. Zipkin·Scott

Whittaker·Jeffrey Post·Elizabeth G.
Veatch·Kimberly Foecke·Jennifer B.
Clark, Long-distance stone transport and
pigment use in the earliest Middle Stone
Age, *Science* 360(6384), 2018, pp. 90~94.

Christopher S. Henshilwood·Francesco
d'Errico·Karen L. van Niekerk·Yvan
Coquinot·Zenobia Jacobs·Stein-Erik
Lauritzen·Michel Menu·Renata García-
Moreno, A 100,000-year-old ochre-
processing workshop at Blombos Cave,
South Africa, *Science* 334(6053), 2011, pp.
219~222.

Emilie Chalmin·Michel Menu·Colette
Vignaud, Analysis of rock art painting
and technology of Palaeolithic painters,
Measurement Science and Technology 14,
2003, pp. 1590~1597.

Erella Hovers·Shimon Ilani·Ofer Bar-
Yosef·Bernard Vandermeersch, An
Early Case of Color Symbolism, *Current
Anthropology* 44(4), 2003, pp. 491~521.

Francesco d'Errico·Hélène Salomon·Colette
Vignaud·Chris Stringer, Pigments from
the Middle Palaeolithic levels of Es-
Skhul (Mount Carmel, Israel), *Journal
of Archaeological Science* 37, 2010, pp.
3099~3110.

Henshilwood C. S.·d'Errico F.·Watts I.,
Engraved ochres from the Middle Stone
Age levels at Blombos Cave, South Africa,
Journal of Human Evolution 57, 2009, pp.
27~47.

Inés Domingo·Annalisa Chieli,
Characterizing the pigments and paints
of prehistoric artists, *Archaeological and
Anthropological Sciences* 13: 196, 2021.

Lorraine Boissoneault, Colored Pigments
and Complex Tools Suggest Humans
Were Trading 100,000 Years Earlier Than
Previously Believed, *Smithsonian Magazine*
March 15, 2018.

아시아의 예술혼의 기원을 찾아서
배기동, 『아시아의 인류 진화와
구석기 문화』, 한양학술총서 12,
한양대학교출판부, 2021.

Adam Brumm·Adhi Agus Oktaviana·Basran
Burhan·Budianto Hakim·Rustan
Lebe·Jian-xin Zhao·Priyatno Hadi
Sulistyarto·Marlon Ririmasse·Shinatria
Adhityatama·Iwan Sumantri·Maxime
Aubert, Oldest cave art found in Sulawesi,
Science Advances 7(3), eabd4648, 2021.

Brian Handwerk, 45,000-Year-Old Pig
Painting in Indonesia May Be Oldest
Known Animal Art, *Smithsonian Magazine*

January 13, 2018.

Esther Jacobson-Tepfer, Late Pleistocene and Early Holocene Rock Art from the Mongolian Altai: The Material and its Cultural Implications, *Arts* vol.2(3), 2013, pp. 151~181.

M.Aubert·A. Brumm·M. Ramli·T. Sutikna·E. W. Saptomo·B. Hakim·M. J. Morwood·G. D. van den Bergh·L. Kinsley·A. Dosseto, Pleistocene cave art from Sulawesi, Indonesia, *Nature* 514(7521), 2014, pp. 223~227.

National Museum of Mongolia, *Ancient Rock Art*, 2022.

Paul S. C. Taçon·Steve Webb, Art and megafauna in the Top End of the Northern Territory, Australia: Illusion or reality?, *The Archaeology of Rock Art in Western Arnhem Land*, Australia, ANU Press, 2017.

Seon-bok Yi, Rashaan Khad, An Early Blade Industry in Eastern Mongolia, 『한국구석기학보』 28, 2013, 105~129쪽.

보이지 않는 상징의 힘

이융조·우종윤·이승원·안주현·윤병일·박정미·오오타니 카오루·김미라·김은정·한승철·장형길·최동혁, 『단양 수중보 건설사업부지 내 단양 수양개 구석기 유적 I·IV 지구』, 한국선사문화연구원, 2018.

Christopher S. Henshilwood·Francesco d'Errico·Marian Vanhaeren·Karen van Niekerk·Zenobia Jacobs, Middle Stone Age Shell Beads from South Africa, *Science* 304(5669), 2004, p. 404.

Christopher S. Henshilwood·Francesco d'Errico·Ian Watts, Engraved ochres from the Middle Stone Age levels at Blombos Cave, South Africa, *Journal of Human Evolution* 57(1), 2009, pp. 27~47.

Christopher S. Henshilwood·Francesco d'Errico·Royden Yates·Zenobia Jacobs·Chantal Tribolo·Geoff A. T. Duller·Norbert Mercier·Judith C.Sealy·Helene Valladas·Ian Watts·Ann G. Wintle, Emergence of Modern Human Behavior: Middle Stone Age Engravings from South Africa, *Science* 295(5558), 2002, pp. 1278~1280.

Daniella E. Bar-Yosef Mayera·Bernard Vandermeersch·Ofer Bar-Yosef, Shells and ochre in Middle Paleolithic Qafzeh Cave, Israel: indicationsfor modern behavior, *Journal of Human Evolution* 56, 2009, pp. 307~314.

Daniella E. Bar-Yosef Mayer·Iris Groman-

Yaroslavski·Ofer Bar-Yosef·Israel Hershkovitz·Astrid Kampen-Hasday·Bernard Vandermeersch·Yossi Zaidner·Mina Weinstein-Evron, On holes and strings: Earliest displays of human adornment in the Middle Palaeolithic, *PLoS ONE* 15(7): e0234924, 2020.

Davorka Radovčić·Giovanni Birarda·Ankica Oros Sršen·Lisa Vaccari, Jakov Radovčić·David W. Frayer, Surface analysis of an eagle talon from Krapina, *Scientific Reports* 10(6329), 2020.

El Mehdi Sehasseh, et al., Early Middle Stone Age personal ornaments from Bizmoune Cave, Essaouira, Morocco, *Science Advances* 7(39), 2021.

Eliso Kvavadze·Ofer Bar-Yosef·Anna Belfer-Cohen·Elisabetta Boaretto·Nino Jakeli·Zinovi Matskevich·Tengiz Meshveliani, 30,000-Year-Old Wild Flax Fibers, *Science* 325(5946), 2009, p. 1359.

Francesco d'Errico·Christopher S. Henshilwood·Marian Vanhaeren·Karen van Niekerk, Nassarius kraussianus shell beads from Blombos Cave: evidence for symbolic behaviour in the Middle Stone Age, *Journal of Human Evolution* 48(1), 2005, pp. 3~24.

Francesco d'Errico·Chris B. Stringer, Evolution, revolution or saltation scenario for the emergence of modern cultures?, *Philos Trans R Soc Lond B Biol Sci* 366(1567), 2011, pp. 1060~1069.

Francesco d'Errico·Karen Loise van Niekerk·Lila Geis·Christopher Stuart Henshilwood, New Blombos Cave evidence supports a multistep evolutionary scenario for the culturalization of the human body, *Journal of Human Evolution* 184(103438), 2023, pp. 1~64.

Kate Wong, Stone Age String Strengthens Case for Neandertal Smarts, *Scientific American* April 9, 2020.

Marian Vanhaeren·Francesco d'Errico· Chris Stringer·Sarah L. James·Jonathan A. Todd·Henk K. Mienis, Middle Paleolithic Shell Beads in Israel and Algeria, *Science* 312(5781), 2006, pp. 1785~1788.

Michael Balter, First Jewelry? Old Shell Beads Suggest Early Use of Symbols, *Science* 312(5781), 2006, p. 1731.

Pierre-Jean Texier, et al., A Howiesons Poort tradition of engraving ostrich eggshell containers dated to 60,000 years ago at Diepkloof Rock Shelter, South Africa, *PNAS* 107(14), 2010, pp. 6180~6185.

세상에 음악이 흐르기 시작했다

Anna Friederike Potengowski, et al., On Experimental Reconstructions of the Mammoth Ivory Flute from Geißenklösterle Cave (GK3) and Other Palaeolithic Wind Instruments from South-West Germany, *Journal of Music Archaeology* 1, 2023, pp. 59~102.

C. Fritz·G. Tosello·G. Fleury·E. Kasarhérou·Ph. Walter F. Duranthon·P. Gaillard·J. Tardieu, First record of the sound produced by the oldest Upper Paleolithic seashell horn, *Science Advances* 7(7), 2021.

Duncan Caldwell, Paleolithic Whistles or Figurines? A Preliminary Survey of Pre-historic Phalangeal Figurines, *Rock Art Research* 26(1), 2009, pp. 65~82.

Ivan Turk·Matija Turk·Ljuben Dimkaroski· Bonnie A. B. Blackwell·F. Zoltàn Horusitzky·Marcel Otte·Giuliano Bastiani, The Mousterian Musical Instrument from Divje Babe I (Slovenia): Arguments Pro et Contra, *L Anthropologie* 122(4), 2018, pp. 1~44.

Jelle Atema, Musical Origins and the Stone Age Evolution of Flutes, *Acoustics Today*, summer 2014, pp. 26~34.

Lyudmila Lbova·Darya Kozhevnikova·

Pavel Volkov, Musical Instruments in Siberia (Early Stage of the Upper Paleolithic), *Palethnologie-L'art pléistocène dans le monde Symposium* 9(Signes, symboles, mythes et idéologie), 2013, pp. 374~375.

Nicholas J. Conard·Veerle Rots, Rope making in the Aurignacian of Central Europe more than 35,000 years ago, *Science Advances* 10(5), 2024.

뼈로 만든 도구

Alexander Yu. Fedorchenko, Natalia E. Belousova·Maxim B. Kozlikin·Michael V. Shunkov, The Upper Palaeolithic Bone Needle Cases of Siberia: An Overview, *Vestnik NSU Series History and Philology* 21(3), 2022, pp. 44~59.

Erik Trinkaus·Alexandra P. Buzhilova, Diversity and differential disposal of the dead at Sunghir, *Antiquity* 92(361), 2018, pp. 7~21.

Francesco d'Errico·Luc Doyon· Shuangquan Zhang·Malvina Baumann·Martina Laznickova-Galetov·Xing Gao·Fuyou Chen·Yue Zhang, The origin and evolution of sewing technologies in Eurasia and North America, *Journal of Human Evolution* 125, 2018, pp. 71~86.

Francesco d'Errico·Lucinda Backwell, From Swartkrans to Arcy-sur-Cure. The use of bone tools in the Lower and Middle Palaeolithic, *El Universo Neanderthal*, 2007, pp. 101~132.

Francesco d'Errico·Lucinda R. Backwell·Paola Villa·Ilaria Degano·Jeannette J. Lucejko·Marion K. Bamford·Thomas F. G. Higham·Maria Perla Colombini·Peter B. Beaumont, Early evidence of San material culture represented by organic artifacts from Border Cave, South Africa, *PNAS* 109(33), 2012, pp. 13214~13219.

Francesco d'Errico·Lucinda R. Backwell· Lyn Wadley·Lila Geis·Alain Queffelec·William E. Banks·Luc Doyon, Technological and functional analysis of 80-60 ka bone wedges from Sibudu (KwaZulu-Natal, South Africa), *Scientifis Reports* 12(16270), 2022.

Grégory Abrams·Silvia M. Bello·Kévin Di Modica·Stéphane Pirson·Dominique Bonjean, When Neanderthals used cave bear (Ursus spelaeus) remains: Bone retouchers from unit 5 of Scladina Cave (Belgium), *Quaternary International* 326-327, 2014, pp. 274~287.

Ian Gilligan, Two-Climate Change and the Invention of Clothes, from Part II-Clothing in the Ice Age, *Climate, Clothing, and Agriculture in Prehistory*, Cambridge University Press, 2018, pp. 23~55.

Ian Gilligan, Four-The Technology of Paleolithic Clothes, from Part II-Clothing in the Ice Age, *Climate, Clothing, and Agriculture in Prehistory*, Cambridge University Press, 2018, pp. 66~79.

Ian Gilligan·Francesco d'Errico·Luc Doyon·Wei Wang·Yaroslav V. Kuzmin, Paleolithic eyed needles and the evolution of dress, *Science Advances* 10(26): eadp2887, 2024.

Justyna Orłowska·Krzysztof Cyrek· Grzegorz Piotr Kaczmarczyk·Witold Migal·Grzegorz Osipowicz, Rediscovery of the Palaeolithic antler hammer from Biśnik Cave, Poland: New insights into its chronology, raw material, technology of production and function, *Quaternary International* 665-666, 2023, pp. 48~64.

Katsuhiro Sanoa·Yonas Beyeneb·Shigehiro Katohd·Daisuke Koyabue·Hideki Endof·Tomohiko Sasakig·Berhane Asfawh·Gen Suwaf, A 1.4-million-year-old bone handaxe from Konso, Ethiopia, shows advanced tool technology in the early Acheulean, *PNAS* 117(31), 2020, pp.

18393~18400.

Lucinda R. Backwell·Francesco d'Errico, Evidence of termite foraging by Swartkrans early hominids, *PNAS* 98(4), 2001, pp. 1358~1363.

Lucinda R. Backwell·Francesco d'Errico·Lyn Wadley, Middle Stone Age bone tools from the Howiesons Poort layers, Sibudu Cave, South Africa, *Journal of Archaeological Science* 35, 2008, pp. 1566~1580.

Mark Collard·Lia Tarle·Dennis Sandgathe·Alexander Allan, Faunal evidence for a difference in clothing use between Neanderthals and early modern humans in Europe, *Journal of Anthropological Archaeology* 44-B, 2016, pp. 235~246.

Marie Soressi, et al., Neandertals made the first specialized bone tools in Europe, *PNAS* 110(35), 2013, pp. 14186~14190.

Paola Villa·Giovanni Boschian·Luca Pollarolo·Daniela Saccà·Fabrizio Marra·Sebastien Nomade·Alison Pereira, Elephant bones for the Middle Pleistocene toolmaker, *PLoS ONE* 16(8): e0256090, 2021.

Ran Barkai, The Elephant in the Handaxe: Lower Palaeolithic Ontologies and Representations, *Cambridge Archaeological Journal* 31(2), 2021, pp. 349~361.

Rhiannon C. Stammers·Matthew V. Caruana·Andy I. R. Herries, The first bone tools from Kromdraai and stone tools from Drimolen, and the place of bone tools in the South African Earlier Stone Age, *Quaternary International* 495(19), 2018, pp. 274~287.

Richard E. Green, et al., A Draft Sequence of the Neandertal Genome, *Science* 328(5979), 2010, pp. 710~722.

Sonia Harmand, et al., 3.3-million-year-old stone tools from Lomekwi 3, West Turkana, Kenya, *Nature* 521, 2015, pp. 310~315.

Shuangquan Zhang·Francesco d'Errico·Lucinda R. Backwell·Yue Zhang·Fuyou Chen·Xing Gao, Ma'anshan cave and the origin of bone tool technology in China, *Journal of Archaeological Science* 65, 2016, pp. 57~69.

네안데르탈인과 사피엔스의 도구

Antoine Muller·Ceri Shipton·Chris Clarkson, Stone toolmaking difficulty and the evolution of hominin technological skills, *Scientific Reports* 12: 5883, 2022.

Benjamin Vernot·Joshua M. Akey, Resurrecting Surviving Neandertal Lineages from Modern Human Genomes, *Science* 343(6174), 2014, pp. 1017~1021.

C. S. Hoggard·C. M. Stade, The efficiency of Middle Palaeolithic technological blade strategies: An experimental investigation, *Lithics* 39, 2019, pp. 52~67.

Curtis W. Marean, An Evolutionary Anthropological Perspective on Modern Human Origins, *Annual Review of Anthropology* 44, 2015, pp. 533~556.

Dana Michelle Cataldo·Andrea Bamberg Migliano·Lucio Vinicius, Speech, stone tool-making and the evolution of language, *PLoS ONE* 13(1): e0191071, 2018.

Eiluned Pearce·Theodora Moutsiou, Using obsidian transfer distances to explore social network maintenance in late Pleistocene hunter-gatherers, *Journal of Anthropological Archaeology* 36, 2014, pp. 12~20.

François Caron·Francesco d'Errico·Pierre Del Moral·Frédéric Santos·João Zilhão, The Reality of Neandertal Symbolic Behavior at the Grotte du Renne, Arcy-sur-Cure, France, *PLoS ONE* 6(6): e21545, 2011.

Francesco d'Errico·Chris B. Stringer, Evolution, revolution or saltation scenario for the emergence of modern cultures?, *Phil. Trans. R. Soc.* B 366, 2011, pp. 1060~1069.

Frederick L. Coolidge·Thomas Wynn, The evolution of working memory, *L'Année psychologique* 120, 2020, pp. 103~134.

Ian Gilligan, Neanderthal extinction and modern human behaviour: the role of climate change and clothing, *World Archaeology* 9(4), 2007, pp. 499~514.

Igor Djakovic·Alastair Key·Marie Soressi, Optimal linear estimation models predict 1400-2900 years of overlap between Homo sapiens and Neandertals prior to their disappearance from France and northern Spain, *Scientific Reports* 12: 15000, 2022, pp. 1~12.

Janusz K. Kozlowski, Origin and Evolution of Blade Technologies in the Middle and Early Upper Paleolithic, *Mediterranean Archaeology and Archaeometry* 1(1), 2001, pp. 3~18.

João Zilhão·William Banks·Francesco d'Errico, Is the Modern vs. Neandertal dichotomy appropriate any longer for the technocomplexes of the Middle-to-Upper Paleolithic transition?, *The 5th Annual Meeting of the European Society for the Study of Human Evolution*, 2015, pp. 1~7.

Josephine C. A. Joordens, et al., Homo

Erectus at Trinil on Java Used Shells for Tool Production and Engraving, *Nature* 518, 2015, pp. 228~231.

Justin Pargeter·John J. Shea, Going big versus going small: Lithic miniaturization in hominin lithic technology, *Evolutionary Anthrology* 28(2), 2019, pp. 1~14.

Killian Driscoll·Maite García-Rojas, Their lips are sealed: identifying hard stone, soft stone, and antler hammer direct percussion in Palaeolithic prismatic blade production, *Journal of Archaeological Science* 47, 2014, pp. 134~141.

Malvina Baumann·Hugues Plisson·Serge Maury·Sylvain Renou·Hélène Coqueugniot·Nicolas Vanderesse·Ksenyia Kolobova·Svetlana Shnaider·Veerle Rots·Guillaume Guérin·William Rendu, On the Quina side: A Neanderthal bone industry at Chez-Pinaud site, France, *PLoS ONE* 18(6): e0284081, 2023.

M. Dobrovolskaya·M. P. Richards·E. Trinkaus, Direct radiocarbon dates for the Mid Upper Paleolithic (eastern Gravettian) burials from Sunghir, Russia, *BMSAP* 24, 2012, pp. 96~102.

Metin I. Eren·Aaron Greenspan·C. Garth Sampson, Are Upper Paleolithic blade cores more productive than Middle Paleolithic discoidal cores? A replication experiment, *Journal of Human Evolution* 55, 2008, pp. 952~961.

Metin I. Eren·Bruce A. Bradley·C. Garth Sampson, Middle Paleolithic Skill Level and the Individual Knapper: An Eeperiment, *American Antiquity* 76(2), 2011, pp. 229~251.

Michael Dannemann·Aida M. Andrés1·Janet Kelso, Introgression of Neandertal—and Denisovan—like Haplotypes Contributes to Adaptive Variation in Human Toll-like Receptors, *AJHG* 98(1), 2016, pp. 22~33.

Patrick Schmidt·Tabea J. Koch·Matthias A. Blessing·F. Alexandros Karakostis·Katerina Harvati·Veit Dresely·Armelle Charrié-Duhaut, Production method of the Königsaue birch tar documents cumulative culture in Neanderthals, *Archaeological and Anthropological Sciences* 15(84), 2023.

Paola Villa·Wil Roebroeks, Neandertal Demise: An Archaeological Analysis of the Modern Human Superiority Complex, *PLoS ONE* 9(4): e96424, 2014.

Policarp Hortolà·Bienvenido Martínez-Navarro, The Quaternary megafaunal extinction and the fate of Neanderthals: An integrative working hypothesis,

Quaternary International 295, 2013, pp. 69~72.

P. R. B. Kozowyk·M. Soressi·D. Pomstra,·G. H. J. Langejans, Experimental methods for the Palaeolithic dry distillation of birch bark: implications for the origin and development of Neandertal adhesive technology, *Scientific Reports* 7: 8033, 2017, pp. 1~9.

P. Thomas Schoenemann, Evolution of the Size and Functional Areas of the Human Brain, *Annual Review of Anthropology* 35, 2006, pp. 376~406.

Richard G. Klein, Out of Africa and the Evolution of Human Behavior, *Evolutionary Anthropology* 17, 2008, pp. 267~281.

Sriram Sankararaman·Swapan Mallick·Michael Dannemann·Kay Prüfer·Janet Kelso·Svante Pääbo·Nick Patterson·David Reich, The landscape of Neandertal ancestry in present-day humans, *Nature* 507(7492), 2014, pp. 354~357.

S. Talamo·V. Aldeias·P. Goldberg·L. Chiotti·H. L. Dibble·G. Guérin·J. J. Hublin· S. Madelaine·R. Maria·D. Sandgathe·T. E. Steele·A. Turq·S. J. P. Mcpherron, The new 14C chronology for the Palaeolithic site of La Ferrassie, France: the disappearance of Neanderthals and the arrival of Homo sapiens in France, *Journal of Quaternary Science* 35(7), 2020, pp. 961~973.

Thomas Wynn·Frederick L. Coolidge, The expert Neandertal mind, *Journal of Human Evolution* 46(4), 2004, pp. 467~487.

Thomas Wynn·Karenleigh A. Overmann·Frederick L. Coolidge, The false dichotomy: a refutation of the Neandertal indistinguish ability claim, *Journal of Anthropological Sciences* 94, 2016, pp. 201~221.

Yaroslav V. Kuzmin, Crossing Mountains, River, and Straits: A Review of the Current Evidence for Prehistoric Obsidian Exchange in Northeast Asia, Crossing the Straits: Prehistoric Obsidian Source Exploitation in the North Pacific Rim, *Archaeopress*, 2010.

육상인류에서 바다인류로

스티븐 마이든, 성춘택 옮김, 『빙하 이후: 수렵채집에서 농경으로, 20,000~5,000BC』, 한강문화재연구원 학술총서 7, 사회평론아카데미, 2023.

한창균·조태섭·서인선, 『정선 매둔동굴

유적(1) 2016~2017년 발굴』,
연세대학교박물관, 2019.

한창균·조태섭·서인선, 『정선 매둔동굴
유적(2) 2018~2019년 발굴』,
연세대학교박물관, 2021.

Ainit Snir·Dani Nadel·Iris Groman-
Yaroslavski·Yoel Melamed·Marcelo
Sternberg·Ofer Bar-Yosef·Ehud Weiss,
The Origin of Cultivation and Proto-
Weeds, Long Before Neolithic Farming,
PLoS ONE 10(7): e0131422, 2015.

Alessandro Aleo·Paul R. B. Kozowyk·Liliana
I. Baron·Annelou van Gijn·Geeske H. J.
Langejans, The dynamic lives of osseous
points from Late Palaeolithic/Early
Mesolithic Doggerland: A detailed
functional study of barbed and unbarbed
points from the Dutch North Sea, PLoS
ONE 18(8): e0288629, 2023.

Ana S. L. Rodrigues·Liora Kolska
Horwitz·Sophie Monsarrat·Anne
Charpentier, Ancient whale exploitation
in the Mediterranean: species matters,
Antiquity 90(352), 2016, pp. 928~938.

Antonella Pedergnana·Emanuela
Cristiani·Natalie Munro·Francesco
Valletta·Gonen Sharon, Early line and
hook fishing at the Epipaleolithic site of
Jordan River Dureijat (Northern Israel),

PLoS ONE 16(10): e0257710, 2021.

Curtis W. Marean, Pinnacle Point Cave
13B (Western Cape Province, South Africa)
in context: The Cape Floral kingdom,
shellfish, and modern human origins,
Journal of Human Evolution 59, 2010, pp.
425~443.

Curtis W. Marean, The origins and
significance of coastal resource use in
Africa and Western Eurasia, Journal of
Human Evolution 77, 2014, pp. 17~40.

Dani Nadel·Udi Grinberg·Elisabetta
Boaretto·Ella Werker, Wooden objects
from Ohalo II (23,000 cal BP), Jordan
Valley, Israel, Journal of Human Evolution
50, 2006, pp. 644~662.

Dani Nadal·Yossi Zaidner, Upper Pleistocene
and Mid-Holocene Net Sinkers From the
Sea of Galilee, Israel, Journal of the Israel
Prehistoric Society 32, 2002, pp. 49~71.

David R. Braun·John W. K. Harris·Naomi
E. Levin·Jack T. McCoy·Andy I. R.
Herries·Marion K. Bamford·Laura C.
Bishop·Brian G. Richmond·Mzalendo
Kibunjia, Early hominin diet included
diverse terrestrial and aquatic animals
1.95 Ma in East Turkana, Kenya, PNAS
107(22), 2010, pp. 10002~10007.

D. Nadel·A. Danin·E. Werker·T. Schick·M.

E. Kislev·K. Stewart, 19,000-Year-Old Twisted Fibers From Ohalo II, *Current Anthropology* 35(4), 1994, pp. 451~458.

Irit Zohar·Tamar Dayan·Menachem Goren·Dani Nadel·Israel Hershkovitz, Opportunism or aquatic specialization? Evidence of freshwater fish exploitation at Ohalo II- A waterlogged Upper Paleolithic site, *PLoS ONE* 13(6): e0198747, 2018.

Jean-Marc Pétillon·François-Xavier Chauvière·Camilla Speller·Krista McGrath·Ana S. L. Rodrigues·Anne Charpentier·François Baleux, A Gray Whale in Magdalenian Perigord. Species identification of a bone projectile point from La Madeleine (Dordogne, France) using collagen fingerprinting, *PALEO* 30-1, 2019.

John E. Yellen·Alison S. Brooks·Els Cornelissen·Michael J. Mehlman· Kathlyn Stewart, A Middle Stone Age Worked Bone Industry from Katanda, Upper Semliki Valley, Zaire, *Science* 268(5210), 1995, pp. 553~556.

Michelle C. Langley·Jean-Marc Pétillon· Marianne Christensen, Diversity and Evolution of Osseous Hunting Equipment During the Magdalenian (21,000-14,000 cal BP), *Osseous Projectile Weaponry: Towards an Understanding of Pleistocene Cultural Variability*, 2016, pp. 143~159.

Miguel Cortés-Sánchez, et al., Earliest Known Use of Marine Resources by Neanderthals, *PLoS ONE* 6(9): e24026, 2011.

Richard G. Klein·Douglas W. Bird, Shellfishing and human evolution, *Journal of Anthropological Archaeology* 44-B, 2016, pp. 198~205.

Sue O'Connor, New evidence from East Timor contributes to our understanding of earliest modern human colonisation east of the Sunda Shelf, *Antiquity* 81(313), 2007, pp. 523~535.

Sue O'Connor·Rintaro Ono·Chris Clarkson, Pelagic Fishing at 42,000 Years Before the Present and the Maritime Skills of Modern Humans, *Science* 334(6059), 2011, pp. 1117~1121.

바다를 건넌 사람들

Chris Clarkson, et al., Human occupation of northern Australia by 65,000 years ago, *Nature* 547(7663), 2017, pp. 306~310.

Curtis Runnels·Chad DiGregorio·Karl W. Wegmann·Sean F. Gallen·Thomas F. Strasser·Eleni Panagopoulou, Lower Palaeolithic artifacts from Plakias, Crete:

Implications for Hominin Dispersals, *Eurasian Prehistory* 11(1-2), 2015, pp. 129~152.

Ericson Hölzchen·Christine Hertler·Ana Mateos·Jesús Rodríguez·Jan Ole Berndt·Ingo J. Timm, Discovering the opposite shore: How did hominins cross sea straits?, *PLoS ONE* 16(6): e0259484, 2021.

Masaki Fujita, et al., Advanced maritime adaptation in the western Pacific coastal region extends back to 35,000-30,000 years before present, *PNAS* 113(40), 2016, pp. 11184~11189.

Robert G. Bednarik, The Beginnings of Maritime Travel, *Advances in Anthropology* 4(4), 2014, pp. 209~221.

Sue O'Connor, New evidence from East Timor contributes to our understanding of earliest modern human colonisation east of the Sunda Shelf, *Antiquity* 81(313), 2007, pp. 523~535.

Sue O'Connor·Rintaro Ono·Chris Clarkson, Pelagic Fishing at 42,000 Years Before the Present and the Maritime Skills of Modern Humans, *Science* 334(6059), 2011, pp. 1117~1121.

Takashi Tsutsumi, The Dynamics of Obsidian Use by the Microblade Industries of the Terminal Late Palaeolithic, *The Quaternary Research* 46(3), 2007, pp. 179~186.

Yousuke Kaifu, et al., Palaeolithic seafaring in East Asia: testing the bamboo raft hypothesis, *Antiquity* 93(372), 2019, pp. 1424~1441.

Yousuke Kaifu·Tien-Hsia Kuo·Yoshimi Kubota·Sen Jan, Palaeolithic voyage for invisible islands beyond the horizon, *Scientific Reports* 10(19785), 2020.

Zoë Corbyn, Archaeologists land world's oldest fish hook, *Natute news*, 24 november 2011.

──────────

구석기인들의 식생활

질 들뢱·브리지트 들뢱·마르틴 로크, 조태섭·공수진 옮김, 『선사시대의 식탁』, 한강문화재연구원 학술총서 3, 사회평론아카데미, 2016

C. B. Stringer·J. C. Finlayson·R. N. E. Barton·Y. Fernández-Jalvo·I. Cáceres·R. C. Sabin·E. J. Rhodes·A. P. Currant·J. Rodríguez-Vidal·F. Giles-Pacheco·J. A. Riquelme-Cantal, Neanderthal exploitation of marine mammals in Gibraltar, *PNAS* 105(38), 2008, pp. 14319~14324.

Chris Organ·Charles L. Nunn·Zarin

Machanda·Richard W. Wrangham, Phylogenetic rate shifts in feeding time during the evolution of Homo, *PNAS* 108(35), 2011, pp. 14555~14559.

Cordain Loren·Eaton S. Boyd·Sebastian Anthony·Mann Neil·Lindeberg Staffan·Watkins Bruce A.·O'Keefe James H.·Brand-Miller Janette, Origins and evolution of the Western diet: health implications for the 21st century 1·2, *The American Journal of Clinical Nutrition* 81(2), 2005, pp. 341~354.

Elizabeth Pennisi, Did Cooked Tubers Spur the Evolution of Big Brains?, *Science* 283(5410), 1999, pp. 2004~2005.

Emma Pomeroy, Review: The different adaptive trajectories in Neanderthals and Homo sapiens and their implications for contemporary human physiological variation, *Comparative Biochemistry and Physiology Part A: Molecular & Integrative Physiology* 280, 2023, Article 111420.

Greg Laden·Richard Wrangham, The rise of the hominids as an adaptive shift in fallback foods: Plant underground storage organs (USOs) and australopith origins, *Journal of Human Evolution* 49(4), 2005, pp. 482~498.

J. A. J. Gowlett, What Actually was the Stone Age Diet?, *Journal of Nutritional & Environmental Medicine* 13(3), 2003, pp. 143~147.

J. A. J. Gowlett, The discovery of fire by humans: a long and convoluted process, *Philosophical Transactions of the Royal Society B: Biological Sciences* 371(1696): 2015164, 2016.

James F. O'Connell, How did modern humans displace Neanderthals? Insights from huntergatherer ethnography and archaeology, *When Neanderthals and Modern Humans Mat*, Kerns Verlag, 2006, pp. 43~64.

Julia A. Lee-Thorp·Nikolaas J. van der Merwe·C. K. Brain, Diet of Australopithecus robustus at Swartkrans from stable carbon isotopic analysis, *Journal of Human Evolution* 27(4), 1994, pp. 361~372.

Katharine Milton, Hunter-Gatherer Diets: Wild Foods Signam Relief from Diseases of Affluence, *Human Diet: It's Origin and Evolution*, Bergin & Garvey Press, 2002, pp. 111~122.

Larsen Clark Spencer, Animal Source Foods and Human Health during Evolution 1·2, *The Journal of Nutrition* 133(111), 2003, pp. 3893s~3897s.

Leslie C. Aiello·Peter Wheeler, The Expensive-Tissue Hypothesis: The Brain and the Digestive System in Human and Primate Evolution, *Current Anthropology* 36(2), 1995, pp. 199~221.

Loren Cordain, (19)Implications of Plio-Pleistocene Hominin Diets for Modern Humans, *Evolution Of The Human Diet: The Known, the Unknown, and the Unknowable*, 2006, pp. 363~383.

Mark F. Teaford·Peter S. Ungar·Frederick E. Grine, Changing perspectives on early hominin diets, *PNAS* 120(7): e2201421120, 2023.

Mary C. Stiner, Carnivory, Coevolution, and the Geographic Spread of the Genus Homo, *Journal of Archaeological Research* 10(1), 2002, pp. 1~63.

Matt Sponheimer·Zeresenay Alemseged·Thure E. Cerling·Jonathan G. Wynn, Isotopic evidence of early hominin diets, *PNAS* 110(26), 2013, pp. 10513~10518.

MP Richards, A brief review of the archaeological evidence for Palaeolithic and Neolithic subsistence, *European Journal of Clinical Nutrition* 56, 2002, pp. 1270~1278.

Rachel Caspari·Sang-Hee Lee, Older age

becomes common late in human evolution, *PNAS* 101(30), 2004, pp. 10895~10900.

R. Adriana Hernandez-Aguilar·Jim Moore·Travis Rayne Pickering, Savanna chimpanzees use tools to harvest the underground storage organs of plants, *PNAS* 104(49), 2007, pp. 19210~19213.

Richard W. Wrangham·James Holland Jones·Greg Laden·David Pilbeam·NancyLou Conklin-Brittain, The Raw and the Stolen Cooking and the Ecology of Human Origins, *Current Anthropology* 40(5), 1999, pp. 567~594.

R. I. M. Dunbar·Susanne Shultz, Evolution in the Social Brain, *Science* 317(5843), 2007, pp. 1344~1347.

Robert C. Power·Domingo C. Salazar-García·Mauro Rubini·Andrea Darlas·Katerina Harvati·Michael Walker·Jean-Jacques Hublin·Amanda G. Henry, Dental calculus indicates widespread plant use within the stable Neanderthal dietary niche, *Journal of Human Evolution* 119, 2018, pp. 27~41.

Ruth Blasco·Josep Fernández Peris, A uniquely broad spectrum diet during the Middle Pleistocene at Bolomor Cave (Valencia, Spain), *Quaternary International* 252, 2012, pp. 16~31.

W. Andrew Barr·Briana Pobiner·John Rowan·J. Tyler Faith, No sustained increase in zooarchaeological evidence for carnivory after the appearance of Homo erectus, *PNAS* 119(5): e2115540119, 2022.

구석기시대의 신석기

이기길·김은정·오병욱·김수아·차미애, 『장흥 신북 구석기 유적』, 조선대학교박물관, 2008.

Akira Iwase·Katsuhiro Sano·Junichi Nagasaki·Noriaki Otake·Masahisa Yamada, Experiments with replicas of Early Upper Paleolithic edge-ground stone axes and adzes provide criteria for dentifying tool functions, *Journal of Archaeological Science* 163, 2024, Article 105891.

Biancamaria Aranguren·Roberto Becattini·Marta Mariotti Lippi·Anna Revedin, Grinding flour in Upper Palaeolithic Europe (25 000 years bp), *Antiquity* 81, 2007, pp. 845~855.

Chaohong Zhao·Xiaohong Wu·Tao Wang·Xuemei Yuan, Early polished stone tools in South China evidence of the transition from Palaeolithic to Neolithic,

Documenta Praehistorica 31, 2004, pp. 131~137.

Chris Clarkson, et al., Human occupation of northern Australia by 65,000 years ago, *Nature* 547(7663), 2017, pp. 306~310.

J. Lubbock, *Prehistoric Times as Illustrated by Ancient Remains and the Manners and Customs of Modern Savages*, 4th ed., William & Norgate, 1878.

Ksenia Stepanova, Upper Palaeolithic grinding stones from Eastern European sites: An overview, *Quaternary International* 541, 2020, pp. 162~181.

Laure Dubreuil, Functional Studies of Prehistoric Grindingstones, *Bulletin du CRFJ* 9, 2001, pp. 73~87.

Liudmila Lbova·Pavel Volkov, Processing technology for the objects of mobile art in the Upper Paleolithic of Siberia (the Malta site), *Quaternary International* 403, 2016, pp. 16~22.

M. H. Newcomer, Stone-carving with flint: experiments with a Magdalenian lamp, *Staringia* 6(1), 1981, pp. 77~79.

Paul Pettitt·Mark White, John Lubbock, caves, and the development of Middle and Upper Palaeolithic archaeology, *Notes Rec* 68(1), 2014, pp. 35~48.

Peter Hiscock, World's earliest ground-edge

axe production coincides with human colonisation of Australia, *Australian Archaeology* 82(1), 2016, pp. 2~11.

Sophie A. de Beaune, Nonflint Stone Tools of the Early Upper Paleolithic, *Before LASCAUX: The Complex Recird of the Early Upper Paleolithic*, CRC press, 1993, pp. 163~191.

Tim Maloney·Sue O'Connor·Rachel Wood·Ken Aplin·Jane Balme, Carpenters Gap 1: A 47,000 year old record of indigenous adaption and innovation, *Quaternary Science Reviews* 191, 2018, pp. 204~228.

시각자료 출처

16~17쪽 | 아르헨티나 리오핀투라스
암각화_서터스톡

22쪽 | 프랑스 라무트동굴
등잔_퍼블릭도메인

23쪽 | 프랑스 라스코동굴 등잔_프랑스
국립선사박물관

28쪽 | 스페인 알타미라동굴의 황소 그림
벽화_서터스톡

30쪽 | 제주도 용천동굴_국가유산포털,
공공누리

34~35쪽 | 바위 앞에서 춤추는
사람들_서터스톡

37쪽 | 파푸아뉴기니 후리위그멘 부족의
보디 페인팅_서터스톡

39쪽 | 이스라엘 카프제동굴에서 발견한
조가비 장신구_Daniella Bar-Yosef, et al,
2020

41쪽 | 남아프리카공화국 블롬보스동굴에서
발굴한 안료와 가공 도구세트
_Christopher S. Henshilwood, et al., 2009

/ Pierre-Jean Texier, et al., 2010

45쪽 | 프랑스 라스코동굴에서 발견한
정제된 안료 덩어리들_프랑스
국립고고연구소

51쪽 지도 | 순다랜드 추정 지역과 고인류의
해양 이동 경로_조정은

52쪽 | 컴퓨터 그래픽기술로 보정한
인도네시아 레앙테동게동굴 벽화_Adam
Brumm, et al., 2021

55쪽 | 오스트레일리아 아넘랜드 벽화
속의 태즈메이니아 호랑이_Paul S.C.
Taçon·Steve Webb, 2017

56쪽 | 몽골 라샨하드의 털코뿔소
암각화_김상태

59쪽 | 모로코 비즈무네동굴의 조가비
장신구_El Mehdi Sehasseh, et al., 2021

62쪽 | 남아프리카공화국 블롬보스동굴에서
나온 선 장식이 있는 안료와
디에프클루프의 바위그늘에서 나온 선
장식이 있는 타조알 껍질_Christopher S.

Henshilwood, et al., 2009 / Pierre-Jean
Texier, et al., 2010

69쪽 | 슬로베니아 디브예바베동굴의
네안데르탈인의 피리, 독일
홀레펠스동굴의 독수리 날개뼈 피리,
독일 가이센클뢰스테를레동굴의 매머드
상아 피리_김상태

70쪽 | 프랑스 마르술라스동굴의 소라
나팔_C. Fritz, et al., 2021

72~73쪽 | 탄자니아 올두바이협곡_셔터스톡

75쪽 | 케냐 투르카나 로메퀴 유적에서
발견한 330만 년 전의 찍개_Sonia
Harmand, et al., 2015

76쪽 | 남아프리카공화국 드리몰렌
유적에서 발견한 초기 뼈 도구_Lucinda
Backwell·Francesco d'Errico, 2008

79쪽 | 이탈리아 카스텔디귀도 유적의
코끼리 뼈 주먹도끼_Paola Villa, et al.,
2021

83쪽 | 남아프리카공화국 블롬보스동굴의
뼈송곳_Francesco d'Errico & Christopher
S. Henshilwood, 2006

85쪽 | 초기의 뼈창과 뼈화살촉_Lucinda
Backwell, et al., 2008

92쪽 | 아시아와 유럽 각지에서 출토된
뼈바늘_Ian Gilligan, et al., 2024

95쪽 | 러시아 숭기르 1호 무덤의 구슬
장식_Erik Trinkaus, et al., 2018

100쪽 | 재현한 르발루아몸돌과 격지,

돌날몸돌과 돌날_Antoine Muller, et al.,
2022

102쪽 | 좀돌날을 끼워 만든 창_김상태

106쪽 | 독일 홀레슈타인동굴의
사자인간_독일 울름박물관

107쪽 | 이누이트의
반짇고리_전곡선사박물관

112~113쪽 | 눈 덮인 알타이산맥_셔터스톡

118쪽 | 이스라엘 오할로2 유적의 돌그물추
_Polina Spivak·Dani Nadel, 2016

119쪽 | 이스라엘 두레이자르 유적의
뼈낚시바늘과 돌그물추_Antonella
Pedergnana, et al., 2021

122~123쪽 | 이스라엘 갈릴리호수
_셔터스톡

125쪽 | 전라남도 창녕군 비봉리에서 발견된
8000년 전의 통나무배_국가유산청,
공공누리

126쪽 지도 | 아프리카와 유럽의 경계인
지중해_조정은

127쪽 | 그리스 크레타섬의 주먹도끼_Curtis
Runnels, et al., 2015

129쪽 지도 | 월리시아의 생물지리
경계선_조정은

135쪽 | 호모 사피엔스의 낚싯바늘_Zoë
Corbyn, 2011 / Masaki Fujita, et al., 2016

136쪽 지도 | 서태평양 지역의 지리_조정은

140~141쪽 | 지브롤터해협_셔터스톡

144쪽 | 턱뼈와 씹는 근육이

발달한 파란트로푸스
보이세이_오스트레일리아박물관

149쪽 | 고인류의 상대적 신체 크기
비교_브리태니커 백과사전

153쪽 지도 | 네안데르탈인들의 거주 추정
범위_조정은

155쪽 | 네안데르탈인과 호모 사피엔스의
골격 비교_(위)위키미디어 공용,
(아래)브리태니커 백과사전

158쪽 | 동유럽의 여러 유적에서 출토된
구석기시대 갈돌_Ksenia Stepanova, 2019

170~171쪽 | 해 질 녘의 밀밭_셔터스톡

174쪽 | 전라남도 장흥군 신북 구석기시대
유적에서 출토된 간돌도끼_조선대학교
박물관

176쪽 | 프랑스의 구석기시대 등잔들.
ⓐⓑ솔비유_donsmap.com,
ⓒ라무트동굴_퍼블릭도메인,
ⓓ라스코동굴_프랑스 국립선사박물관

204

인명·지명 찾아보기

ㄱ

가이센클뢰스테를레
Geißenklösterle 68, 69
갈라파고스 Galápagos 129
갈릴리호수 Sea of Galilee 117,
156, 157
고즈시마 Kôzu-shima 136
광시성 Guangxi Province 174
규슈 Kyushu 134~135
그로트뒤렌 Grotte Düren 151

ㄴ

나일강 Nile River 127
남아프리카공화국 Republic
of South Africa 41, 62, 76,
82~84, 86, 115
네덜란드 Netherlands 51

ㄷ

데니소바 Denisova 90, 91
도르도뉴 Dordogne 21
도쿄 Tokyo 136
두레이자트 Dureijat 119
드리몰렌 Drimolen 76
디브예바베 Divje Babe 67, 69
디에프클루프 Diepkloof 62

ㄹ

라무트 La Mouthe 21~23, 25,
176
라스코 Lascaux 22~25, 45, 50,
61, 119, 176
러벅, 존 Lubbock, John 178
레앙테동게 Leang Tedongnge
52~54
레코테스 Les Cottes 151
롬복 Lombok 129, 130

류큐 Ryukyu 135
리비에르, 에밀 Rivière, Émile
21, 22

ㅁ

마르술라스 Marsoulas 69~70
마제드베베 Madjedbebe 173
말레이반도 Malay Peninsula
51, 128, 129, 136
모로코 Morocco 59, 138
몽골 Mongol 55, 56

ㅂ

바혼디요 Bajondillo 114
밴쿠버 Vancouver 65
베링 Bering 94, 180
베이징 Beijing 90, 152
보더 Border 86

보르네오 Borneo 51, 128, 129,
136
블롬보스 Blombos 41, 47, 48,
62, 83, 85, 175
비즈무네 Bizmoune 59, 60

ᄉ

사르데냐 Sardegna 126, 127
사바나 Savanna 145
사키타리 Sakitari 117, 135
산족 San peoples 85
산펠리체치르체오 San Felice
Circeo 152
살린스, 마셜 Sahlins, Marshall
159
소순다열도 Lesser Sunda
Islands 173
쇠닝엔 Schöningen 82, 84
수마트라 Sumatra 51, 128, 129,
136
순다랜드 Sundaland 50, 51,
128
술라웨시 Sulawesi 51~54, 129,
136
숨바와 Sumbawa 130
숭기르 Sungir 94, 95
스와르트크란스 Swartktans
76, 77, 161

스테르크폰테인 Sterkfontein
76
스페인 Spain 23, 28, 52, 114,
152
슬로베니아 Slovenia 67, 69
시부두 Sibudu 84~86

ᄋ

아넘랜드 Arnhem Land 54, 55
아라비아 Arabia 40, 127, 128,
153
아렌캉디드 Arene Candide 40
아메리카 America 64, 179, 180
아브리뒤마라스 Abri du Maras
61
아시아 Asia 50, 53, 55, 64, 92,
97, 115, 153, 174, 175, 179
아프리카 Africa 5, 41, 50, 59,
63, 64, 85, 90, 97, 99, 115,
116, 124, 126, 127, 132, 138,
144, 145, 149, 150, 153~155,
175
알타미라 Altamira 23, 28, 50
알타이 Altai 55, 105
에티오피아 Ethiopia 78
엘시드론 El Sidrón 152
엘카스티요 El Castillo 52
오베르, 막심 Aubert, Maxime

51
오세아니아 Oceania 64, 175
오스트레일리아 Australia 51,
54, 55, 128, 129, 133, 136, 173,
175, 179
오키나와 Okinawa 135, 136
오할로 Ohalo 117~120, 157
올두바이 Olduvai 178
올로게세일리 Olorgesailie 41
요르단강 Jordan River 119, 156
월리시아 Wallacea 128~130,
135, 138
유라시아 Eurasia 127, 145, 149,
154, 156
유럽 Europe 21, 22, 25, 50,
52~54, 64, 92, 97, 101, 104,
105, 108, 115, 119, 126~128,
153, 157, 158, 169, 175, 177,
179
이누이트 Innuit 24, 25, 66,
106, 107
이스라엘 Israel 39, 60,
117~119, 156
이스투리츠 Isturits 119
이즈반도 Izu Peninsula 136
이탈리아 Italy 40, 78, 79, 127,
152, 178
인도네시아 Indonesia 5,
50~55, 57, 128, 138, 173

일본 Japan 117, 134~137, 174, 175

ㅈ

자바 Java 51, 128, 129, 130, 136, 173
저장성 Zhejiang Province 175
제리말라이 Jerimalai 117, 119, 133~135
중국 China 5, 90, 152, 174, 175
지브롤터 Gibraltar 126, 127
지중해 Mediterranean Sea 39, 67, 101, 126, 127, 153, 154

ㅊ

차기르스카야 Chagyrskaya 105

ㅋ

카비용 Cavillon 40
카스텔디귀도 Castel di Guido 78, 79
카펜터스갭 Carpenters Gap 173
카프제 Qafzeh 39, 42, 47, 60
케냐 Kenya 41, 74, 75
코모도 Komodo 130
코스텐키 Kostenki 177
크레타 Creta 127

ㅌ

타이완 Taiwan 134~136
태즈메이니아 Tasmania 54, 55
투르카나 Turkana 75
티모르 Timor 117, 128, 129, 133, 135, 136

ㅍ

파푸아뉴기니 Papua New Guinea 37
팜, 헤이렌 Pam, Heeren 52
포겔헤르트 Vogelherd 68
프랑스 France 21~23, 45, 61, 69, 70, 119, 151, 152, 176
플라키아 Plakias 127
플로레스 Flores 129, 130, 133
피너클포인트 Pinnacle Point 115, 116, 132

ㅎ

한반도 5, 24, 56, 128, 136, 175
호이트쳉헤르 Khoid Tsenkher 55
홀레슈타인 Hohle Stein 105, 106
홀레펠스 Hohle Fels 68, 69
후리위그멘 Huli wigmen 37

우리가 처음 사피엔스였을 때

2025년 1월 24일 1판 1쇄

지은이
김상태

편집	**디자인**	
이진, 이창연, 조연주	조정은	

제작	**마케팅**	**홍보**
박흥기	김수진, 강효원, 백다희	조민희

인쇄	**제책**	
천일문화사	J&D바인텍	

펴낸이	**펴낸곳**	**등록**
강맑실	(주)사계절출판사	제406-2003-034호

주소	**전화**
(우)10881 경기도 파주시 회동길 252	031)955-8588, 8558

전송
마케팅부 031)955-8595, 편집부 031)955-8596

홈페이지	**전자우편**	
www.sakyejul.net	skj@sakyejul.com	

블로그	**페이스북**	**트위터**
blog.naver.com/skjmail	facebook.com/sakyejul	twitter.com/sakyejul

© 김상태 2025

ISBN 979-11-6981-352-5 03900